高等职业教育机电类专业教学改革系列教材

电子信息类专业毕业设计指导

主　编　熊　英
副主编　蔡　琼　廖梦笔　刘　锰
参　编　黄茂飞　李　敏
主　审　谭立新

机械工业出版社

本书的编写基于高等职业院校电子信息类专业毕业设计工作的实践经验，充分考虑教学需求，以湖南省教育厅《关于开展高等职业院校学生毕业设计抽查的通知》（湘教通〔2014〕213号）为依据，同时参照了当前高等职业院校对技能人才培训的专业要求。

本书共6章，基于电子信息工程技术专业、工业机器人技术专业、通信技术专业、无人机应用专业4个专业的7个优秀毕业设计案例，点面结合、清晰简洁地介绍了高等职业院校电子信息类专业毕业设计流程及开展方法，重点说明了选题确定、任务分析、设计过程，以及毕业设计文件的撰写。

本书可作为高等职业院校电子信息类及相关专业毕业设计教学用书，也可以作为中等职业学校、技师学校相关专业的教学用书。

本书配有电子课件，凡使用本书作教材的教师，可登录机械工业出版社教育服务网（http://www.cmpedu.com），注册后免费下载。咨询电话：010-88379375。

图书在版编目（CIP）数据

电子信息类专业毕业设计指导/熊英主编. —北京：机械工业出版社，2019.8（2025.1重印）
高等职业教育机电类专业教学改革系列教材
ISBN 978-7-111-63471-3

Ⅰ.①电… Ⅱ.①熊… Ⅲ.①电子信息-毕业设计-高等职业教育-教材 Ⅳ.①G203

中国版本图书馆CIP数据核字（2019）第177919号

机械工业出版社（北京市百万庄大街22号 邮政编码100037）
策划编辑：王 丹 责任编辑：陈 宾 王 丹
责任校对：姜玉霞 李 杉 封面设计：马精明
责任印制：刘 媛
涿州市般润文化传播有限公司印刷
2025年1月第1版第5次印刷
184mm×260mm · 8.25印张 · 190千字
标准书号：ISBN 978-7-111-63471-3
定价：23.00元

电话服务
客服电话：010-88361066
010-88379833
010-68326294

网络服务
机 工 官 网：www.cmpbook.com
机 工 官 博：weibo.com/cmp1952
金 书 网：www.golden-book.com
机工教育服务网：www.cmpedu.com

前言

毕业设计是高等职业院校重要的实践性教学环节，是学生综合应用所学知识分析、解决专业实际问题的关键训练项目。该课程着重于实现理论知识的实际应用，让学生在这一过程中手脑并用、领会知行合一的工匠精神；同时有利于培养学生综合分析和解决问题的能力、独立工作的能力、组织管理和社交能力；并会对学生的思想品德、工作态度等方面产生很大影响，对于增强事业心和责任感，提高毕业生综合素质具有重要意义。

然而目前，许多高职院校的学生在开展毕业设计工作的时候，往往找不到清晰的思路，不知如何规范地撰写毕业设计文件，对设计过程的梳理能力也存在欠缺。指导教师则需反复修改，工作任务繁重。

本书正是从填补高职院校电子信息类专业毕业设计指导的空白出发，基于湖南省教育厅《关于开展高等职业院校学生毕业设计抽查的通知》（湘教通［2014］213号）的要求，以毕业设计工作流程为主线，以合理完成毕业设计作品、规范撰写毕业设计文件为目标，在介绍电子信息类专业毕业设计基本知识的基础上，分析毕业设计工作的开展思路，主要包括总体设计、硬件设计、软件设计、产品调试等。

本书共6章，基于电子信息工程技术专业、工业机器人技术专业、通信技术专业、无人机应用专业4个专业的7个优秀毕业设计案例，对高职院校电子信息类专业毕业设计的开展进行了详细说明与分析。本书系统性、综合性强，与产品设计联系紧密。

本书由湖南信息职业技术学院熊英担任主编，湖南信息职业技术学院蔡琼、廖梦笔、刘锰担任副主编，湖南电子科技职业学院黄茂飞、湖南财经工业职业技术学院李敏参与编写，湖南信息职业技术学院谭立新教授担任主审。

本书第1~3章由熊英编写，第4章由蔡琼编写，第5章由廖梦笔编写，第6章由刘锰编写，本书素材整理、案例挑选和资源制作由黄茂飞和李敏负责，全书由熊英负责统稿和定稿。在本书的编写过程中，湖南信息职业技术学院谭立新教授为本书的完善提出了许多宝贵的意见，在此表示感谢。

由于编者水平有限，且各院校各专业毕业设计存在差异，书中难免存在错误或不足之处，恳请各位读者和同仁批评指正。

编　者

目 录

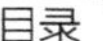
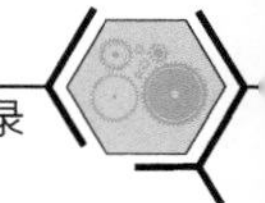

第1章

绪　论

毕业设计是高等职业院校的重要实践性教学环节，是学生综合应用所学知识与技能分析、解决专业实际问题的关键训练项目，是培养学生职业素养、专业能力、学习能力、创新意识和实践作风的有效手段。在从书本知识到产品设计的应用过程中，让学生手脑并用，领会知行合一的工匠精神。

1.1　毕业设计的意义、选题原则和要求

1.1.1　毕业设计的意义

高职院校的毕业设计是完成教学计划、达到专科生培养目标的重要环节。毕业设计通过主动学习、收集资料、撰写毕业设计任务书等诸多环节，着重培养学生综合分析和解决问题的能力、独立工作能力、组织管理和社交能力；同时，这一过程对学生的思想品德、工作态度等方面都会有很大影响，对于增强事业心和责任感，提高毕业生综合素质具有重要意义。它是学生在校期间的最后学习和综合训练阶段，是学生深化、拓宽、综合运用所学知识的重要过程，是学生学习、研究与实践成果的全面总结，是学生综合素质与工程实践能力培养效果的全面检验，是学生从学校学习到岗位工作的过渡环节，是学生毕业及学位资格认定的重要依据，是衡量学校高等职业教育质量和办学效益的重要评价内容。

1.1.2　毕业设计的选题原则和要求

选题是撰写毕业设计材料的第一步，论文题目选得如何，往往直接决定论文撰写的成败。正确而又合适的选题，对顺利撰写毕业论文有重要意义：

1）选题能够决定毕业论文的价值和效用。

2）选题可以规划毕业论文撰写的方向、角度和规模。

3）合适的选题可以保证写作顺利进行，提高研究能力。

1. 选题的原则

明确选题的原则，就能比较容易地选定一个既有一定学术价值，又符合自己志趣，适合个人研究能力，从而有较大成功把握的题目。一般来说，选题确定要遵循以下几条原则：

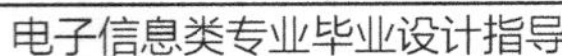

1）理论联系实际，着力现实意义。第一，要注重选题的实用价值，选择具有现实意义的题目。2019 年 1 月 24 日，国家颁布了《国家职业教育改革实施方案》，指出“职业院校应当根据自身特点和人才培养需要，主动与具备条件的企业在人才培养、技术创新、就业创业、社会服务、文化传承等方面开展合作。学校积极为企业提供所需的课程、师资等资源，企业应当依法履行实施职业教育的义务，利用资本、技术、知识、设施、设备和管理等要素参与校企合作，促进人力资源开发”。目前，许多职业院校的毕业设计过于注重形式，选题陈旧，脱离现实，学生在毕业设计环节得不到提升与锻炼。因此，选题要结合实际项目，与企业合作，这样既可达到培养学生的目的，也可为接下来学生在顶岗实习和工作阶段打下良好的基础，还为企业输出可用人才。

第二，要注重选题的理论价值。我们强调选题的实用价值，并不等于急功近利的实用主义，也绝非提倡选题必须有直接的效益作用，而是要考虑有无普遍性的意义。选题还需要有一定的前瞻性，结合目前行业发展新动态，关键是选题针对行业具有应用意义和可持续发展性。

2）选题要有新意和创造性。鼓励学生用创造性思维去思考选题，结合自身特点和行业发展热点、创新点，自主探究学习，在完成课业的同时，提升学习能力。

3）难易适中，量力而行。选题还需根据学生自身的能力水平进行确定，切勿因噎废食，许多学生在确定选题的时候目标设定太高，在执行过程中，遇到挫折或困难又容易放弃，往往导致毕业设计失败。因此在确定选题时，指导教师需要严格把关，着重思考所选选题学生是否能做得出来，以及做出来是否有应用意义。

2. 选题的要求

毕业论文是对学生学习成果的综合性考核，选题的方向、范围、难易都应与学生自己的知识积累、分析问题和解决问题的能力、写作经验相适应。在考虑自己知识积累的前提下，还要考虑自己的特长和兴趣，考虑资料来源，了解所选课题的研究动态和研究成果。选题要难易适中，题目涵盖范围要适度，一般来说是“宜小不宜大，宜窄不宜宽”，千万不要选自己没有弄懂的问题。

1.2 毕业设计文件解读及所涉及领域

1.2.1 毕业设计文件的解读

湖南省教育厅《关于开展高等职业院校学生毕业设计抽查的通知》（湘教通［2014］213 号）对高等职业院校学生毕业设计工作和成果评价标准做了详细的规定。

文件中对高等职业院校毕业设计工作，从工作机制、组织实施和考核评价三个方面进行考核，考核评价标准具体见附录 A。

对高等职业院校学生毕业设计成果按毕业设计类型分别制定评价标准。高等职业院校学生的毕业设计根据设计内容主要分为三类：

第一类为产品设计类。产品设计类毕业设计就是将工程或者生产中的某种目的或需要转换为具体的物理实体或工具的过程，是一种把计划、规划、设想、问题解决的方法，通

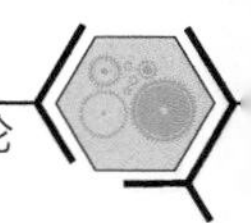

过具体载体以美好的形式表达出来，从而实现某种功能或作用的创造性活动。

第二类为工艺设计类。工艺设计类毕业设计指以工程项目、产品加工和其他生产服务一线应用性项目为对象，对相应的流程、技术路线和规范进行设计的综合性毕业实践。

第三类为方案设计类。方案设计类毕业设计是指学生利用所学内容，为解决专业领域中的具体问题而完成的一项系统设计，其表现载体是一个完整的方案。

高等职业院校学生可以根据自己掌握的知识从以上三个方向开展毕业设计。对高等职业院校学生毕业设计成果从选题、设计实施和作品质量三方面进行考核，评价标准具体见附录B。

1.2.2　涉及的领域

高等职业院校电子信息类专业毕业设计主要用来衡量学生对所学知识的综合掌握程度，所以论文题目不能脱离所学的专业知识。疏理高等职业院校电子信息类专业毕业设计（论文）所涉及的研究领域，可归纳如下：

1）集成电路的测试与故障诊断。

2）集成电路的设计与分析。

3）ARM的设计与应用。

4）信号与信息处理。

5）单片机应用系统开发。

6）仪器、仪表的设计开发与改进。

7）视频、音频信号处理技术。

8）可编程逻辑器件、EDA技术。

9）新型电源的开发与应用。

10）电子电路的设计。

11）微机接口电路的设计。

12）电子电路的软件仿真技术。

13）测试控制系统的设计与仿真。

14）数据采集系统设计。

15）虚拟仪器技术。

可以看出，电子信息类专业毕业设计涉及领域相当广泛，上述领域可供参考，在开展毕业设计时不要求将以上知识点全部用到，学生只需根据毕业论文选题要求，应用相关的知识点完成设计即可。

1.3　毕业设计的主要过程

1.3.1　毕业设计的组织与动员

1）各教学院（系）成立毕业设计工作指导小组，会同教研室编制本院（系）毕业生毕业设计工作计划，报教务处备案。

2）各专业教研室成立毕业设计工作小组，安排毕业设计指导教师，编制本专业学生毕业设计工作计划，报院（系）指导小组审批、教务处备案。

3）各院（系）和专业教研室工作组组织召开学生毕业设计动员大会，对学生毕业设计工作进行动员并提出相关要求。

1.3.2 毕业设计的选题分析与准备

学生确定选题后，由指导教师下达毕业设计任务书。学生首先应了解任务书中指导教师给定的课题名称、要达到的技术指标等内容，以便独立、高质量地按时完成设计任务。毕业设计的选题分析与准备具体归纳为以下几点：

1）明确设计任务。明确本课题毕业设计的具体要求，如设计什么内容、有哪些方面的计算要做、还需绘制哪些电路图、设计说明书有何特殊要求、设计任务中字数有无规定等。

若是多名学生分组开展工作，还要明确在同一组学生中，自己的任务是哪些方面，即了解自己设计部分的内容，并且对课题的整体目标也要有充分的了解。

2）分析重点内容。任何设计课题都有要解决的重点问题，准确把握重点，则能合理地分配设计时间和精力，有目的地收集相关资料，从而顺利、高质量地完成任务。

3）合理安排时间。在毕业设计任务书中，通常会对毕业设计的整个过程进行阶段性时间安排。根据这个时间安排，毕业设计者要制订出可行的计划，以确保按期完成各阶段的任务。

1.3.3 收集资料

电子信息类专业毕业设计工作是在具备可靠、充足资料的基础上完成的。因此，在开始毕业设计工作时就应围绕着选题、设计任务书的要求收集有用的资料。

电子信息类专业毕业设计涉及的资料很多，既需要电子加工工艺方面的资料，又需要电气设备方面的资料；既需要电气控制系统方面的资料，又需要电气技术标准方面的资料。资料种类包括文字资料、影像资料和电路图资料等，其中最重要的是规范化的标准资料。我国制定了不少国家标准和行业标准、规定和规划，统称为设计规范，在设计过程中必须严格遵守这些设计规范。例如，电气类设计常用的规范资料有：电气国家标准、电气工业标准、电气电路标准、电气设备的国家或行业相关标准、加工安全技术的要求和规定、电气装置标准和相关规定以及电气系统技术规范等。

1.3.4 毕业实习

毕业实习是在学生完成教学计划所规定的全部课程的理论学习、生产实习、实验实训、课程设计等教学环节后的一次综合性实践教学，应在毕业设计指导教师的指导下围绕毕业设计课题有计划、有目的地进行。

毕业实习是在毕业设计任务书下达后，紧密配合毕业设计课题而进行的实习。学生实习的工厂、企业、单位等应与毕业设计课题的需要对口，以便学生在实习期间收集与毕业设计课题相关的资料。毕业实习有利于加深学生对所学知识的感性认识，有助于结合生产

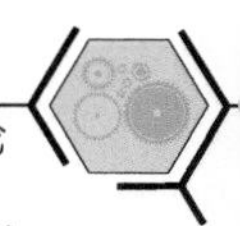

实际开展毕业设计工作。对参与毕业设计的学生来说，毕业实习的结果，对毕业设计的进行、设计文件的编写等都有直接影响。

1. 毕业实习的目的

毕业实习是运用所学的电子信息技术方面的专业知识，解决生产中实际问题的实践过程。通过实习，学生可以充分认识解决生产中实际问题的思路及方法，增强理论联系实际和解决生产中实际问题的能力，提高实际生产能力和操作技能。通过实习，还有利于学生对理论知识的消化，有利于培养学生在生产实践中获取知识的能力，提高学生从实践中寻找解决问题新途径的能力。

2. 毕业实习的要求

在毕业实习过程中，对学生提出如下具体要求：

1）遵守厂纪厂规，注意安全。

2）在实习过程中要不怕苦、不怕脏，积极参加实践操作，增强动手能力。

3）对遇到的问题要多问，虚心向工人师傅、技术人员学习。

4）在实习过程中要多开动脑筋，对遇到的问题不仅要了解实际的处理方法，而且要弄懂方法的原理。

5）写好实习日记（或周记），记述实习的进程、问题和收获体会。

1.3.5 毕业设计文件撰写

学生可根据毕业设计课题和毕业实习收集到的设计资料开展毕业设计工作。毕业设计持续时间一般为30周（其中包括毕业设计答辩两周）。

完成毕业设计除了需要学生的个人能力，还需要一定的客观条件，如参考资料、电路图、设备、实习单位，以及充足的工作量与时间等。参与毕业设计工作的学生，应根据题目所涉及的内容和技术，有针对性地进行学习，查询相关技术资料和文献，熟悉所需的加工工艺和工具的使用。

电子信息类专业毕业生在毕业设计阶段必须完成下列工作任务。

1. 毕业设计文件的撰写

（1）撰写毕业设计任务书　包含毕业设计题目、个人信息、设计时间、指导教师、设计目的、设计实施安排和院系意见等内容。

（2）撰写毕业设计方案　包含设计的目的、设想、措施和思路。指导教师要根据每个学生给出的设计方案给予帮助和指导，全程监控，使学生在毕业设计的每一个环节都能做到心中有数。

（3）撰写作品报告书　这是将毕业设计工作进行分析、整理、归纳和加工的过程，主要包括如下内容：

1）目录。应列出各部分内容的结构性标题，明确章节分配。

2）正文内容。即毕业设计说明书的主体，可分为若干章节，包含原理框图、电路图、设计方案、设计过程和结果、计算过程、设备选型、程序设计等。

3）总结和致谢。为了尊重他人的劳动，学生应感谢相关指导教师的帮助，并总结经验、体会，对存在的问题进行分析，给出展望与建议等。

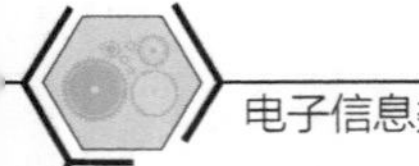

4）参考文献。

5）附录等其他内容。

2. 电路图的设计

根据毕业设计课题以及毕业实习所收集到的设计资料，制订毕业设计的总体技术实施方案，通常需要绘制下列图形：

1）整机电路组成框图。

2）各部分电路组成框图。

3）各部分电路图。

4）整机电路图。

3. 工艺分析及工艺流程的设计

工艺分析即对电子加工工艺的分析，主要内容包括分析电路图工作原理和加工工艺要求、确定电子元器件在电路板上的装配方式，以及各元器件的参数选择。

工艺流程设计则是解决工艺设计线路的走向。

1.3.6 毕业设计评审与答辩

毕业设计完成后，学生必须将资料以纸质和电子文稿的形式提供给指导教师进行初步评审，同时上交毕业设计作品，这样才可进入毕业设计答辩的环节。

毕业设计答辩是毕业设计工作的最后一个教学环节。学校或院（系）要组织专家和专业教师对学生的毕业设计及说明书进行审核，并进行毕业设计答辩。

答辩结束后，专家和专业教师将依据毕业设计的评分标准来确定学生毕业设计的成绩和评语。评分标准共分为优秀、良好、中等、及格和不及格五个等级。

第2章

毕业设计文件撰写指导

2.1 毕业设计文件说明

高等职业院校的毕业设计文件主要包括任务书、设计方案、作品报告书。毕业设计文件是学生工程设计成果的书面表现方式，是对毕业设计工作进行解释和说明的书面材料。撰写毕业设计文件的目的，就是训练学生运用在校所学的基础理论、专业知识、基本技能制订课题设计方案，并解决实际问题，这也是将设计工作进行分析、整理、归纳、加工的过程。学生在撰写这些资料的同时，要了解和学习工程技术的基本规律和实践方法，收集和查阅文献资料，进行方案比较、理论分析、参数设计、工程图样绘制。撰写毕业设计文件可以培养学生善于调查研究、勤于思考的能力，以及勇于创造、勇于开拓的工作和学习态度，也可提高学生的专业设计能力和文字组织表达能力。

2.2 任务书的撰写

2.2.1 选题依据及目标

毕业设计的选题是关键工作。一个好的选题，能强化理论知识及实践技能，使学生充分发挥其创造能力，实现由学生到工程人员角色的转变。因此，应该重视选题工作。毕业设计的选题应具备以下特点：有利于综合学生所学专业知识，紧密结合学科特点，尽可能联系实际，有一定的应用价值。

为学生确定选题的过程，也考验指导教师的教学、实践等综合能力。

确定毕业设计的选题时需要注意以下事项：

1）课题要符合学生的能力水平。课题过大，会导致学生在预期时间里无法完成毕业设计的任务。如果几个学生合作完成一个课题，也会出现任务分配不均的情况。

2）选题还要着重在工程技术专题研究上。毕业设计的最终目的是使学生受到科学研究的初步训练，除了上面提到的特点和注意事项外，还应侧重于实验、测试技能、理论分析及相关材料撰写等能力的培养。

总而言之，毕业设计的选题工作一定要从学生的实际情况出发，充分考虑学科的课程

设计和学生的学习情况，有利于在设计中发挥学生的主观能动性和创新精神、综合运用所学的理论知识，力求通过毕业设计提高学生解决实际工程问题的能力。

2.2.2 任务要求

任务要求就是指当学生接到课题后，需要完成的作品要求，即最终提交给教师检查的资料，包括图表、实物等硬件，以及软件设计内容，如仿真、控制程序等。

以湖南信息职业技术学院“基于单片机的 LED 点阵显示屏设计与制作”毕业设计课题的任务要求为例，供读者参考。

任务要求

1）采用四块 8×8 共阳 LED 点阵屏拼接构成 16×16 的点阵显示屏，用于显示单个汉字或者图形。

2）设置按键开关，用于显示方式选择和显示内容选择。

3）能够定时显示指定的内容，并能通过开关来开启或关闭显示内容。

4）系统采用 5V 供电，供电形式不限。

5）点阵屏实物电路板尺寸控制在 10×10（长×宽，单位：cm）以内。

6）设计成果包括系统软硬件设计、实现 Proteus 和 Keil 的仿真联调，做出实物产品并调通。

7）要求毕业设计产品能够实现简易的广告信息显示。

2.2.3 实施计划

在实际工作中，每个项目的实施都包括三个方面：①项目实施准备；②项目计划执行；③项目控制。要实现这三个方面，离不开时间统筹，因此在项目进行的前期，需要对各项内容所需的时间进行综合平衡，制订进度计划。

实施计划的制订类似于项目管理中的进度安排，要求学生对毕业设计有一个完整的时间安排和计划，这也是很多学生非常欠缺的一项能力。在平时的课业中，学生完成实验或者任务，都是在教师有序的组织下完成的，很少有机会自己制订工作安排，因此毕业设计中的实施步骤与方法，与工作中项目的实施流程是对应的，可以帮助学生形成面向未来工作的全局观。

设计方案中必须重点体现毕业设计的流程和进度安排。设计步骤要充分考虑研究内容的相互关系和难易程度。从基础问题开始，分阶段进行，要考虑到每个阶段从什么时间开始至什么时间结束，以及各阶段要完成的具体指标和任务。

下面介绍与实施计划制订密切相关的毕业设计流程和进度安排。

1. 毕业设计流程

毕业设计流程可以分为七个环节，如图 2-1 所示。

2. 毕业设计的进度安排

高职院校的学生，毕业设计的时间为 30 周左右。若按照 30 周时间计算，则毕业设计的进度安排大致如图 2-2 所示。

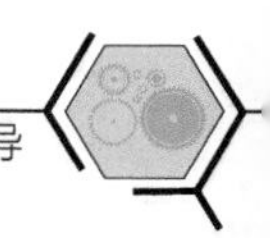

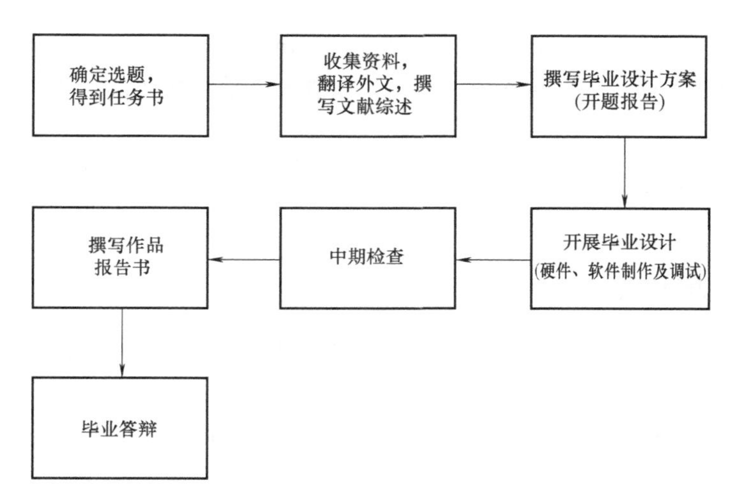

图 2-1 毕业设计流程图

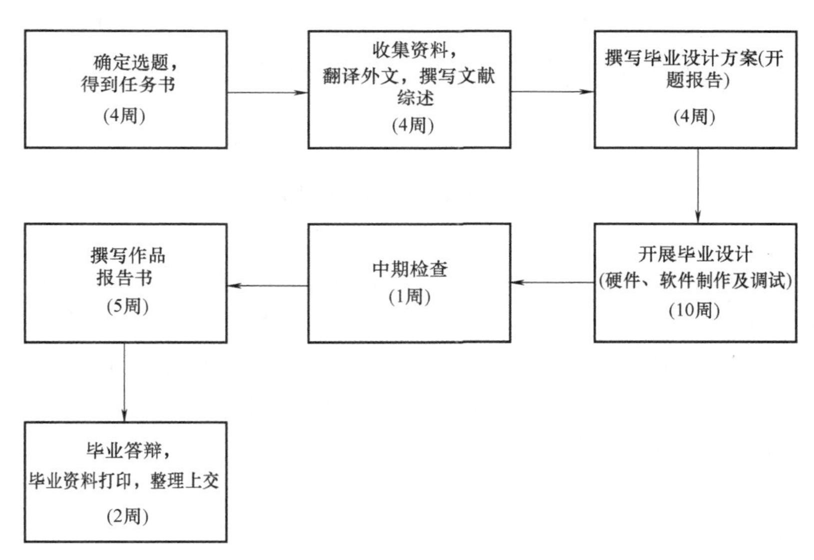

图 2-2 毕业设计进度安排图

如图 2-2 所示，在毕业设计过程中，学生要注意集中精力，将重点放到设计过程中，应多思考和分析，不要把过多的时间花在整理材料上。因此，在毕业设计前期，指导教师要求学生分配好各个环节的时间，严格执行，确保按时按质量完成。

以湖南信息职业技术学院“基于单片机的 LED 点阵显示屏设计与制作”毕业设计课题的实施计划为例，供读者参考。

实施计划

2016 年 09 月 20 日~2016 年 10 月 10 日：完成毕业设计任务书的撰写；

2016 年 10 月 11 日~2016 年 11 月 10 日：收集资料，查阅中外文献；

2016 年 11 月 11 日~2016 年 12 月 05 日：制订毕业设计方案；

2016 年 12 月 06 日~2016 年 12 月 27 日：完成电路设计、程序流程图设计；

2016 年 12 月 28 日 ~2017 年 03 月 24 日：完成电路焊接及组装、完成系统仿真测试；

2017 年 03 月 25 日 ~2017 年 04 月 25 日：完成程序编写及调试、撰写毕业设计作品报告书（实物完成）。

2017 年 04 月 26 日 ~2017 年 05 月 05 日：准备答辩 PPT，完成答辩，最终修改毕业设计直至完成。

2.2.4 作品要求

学生最终需要上交给教师的作品，包括撰写的材料、硬件电路原理图、软件程序以及相关视频等。

以湖南信息职业技术学院“基于单片机的 LED 点阵显示屏设计与制作”毕业设计课题的作品要求为例，供读者参考。

作品要求

作品设计过程最终需要提交以下文档：①任务书；②设计方案；③作品报告书。

作品最终表现形式为实体产品，设计内容包括硬件电路原理图、软件程序、Proteus 和 Keil 的联调仿真文件或截图等。

2.3 设计方案的撰写

设计方案其实就是在毕业设计之前，制订的具体可执行的目标安排。在毕业设计任务下达给学生的同时，指导教师应该要求学生制订出科学合理、切实可行的毕业设计计划书和日程安排表，并且督促其认真自觉地执行。当学生把设计的目的、设想、措施和思路以书面的形式表达出来之后，指导教师要根据每个学生的具体情况给予帮助和指导，使学生在毕业设计的每一个环节都能做到心中有数。

一份完整的毕业设计方案主要包括以下内容：

1）任务指标分析。

2）设计流程与进度安排。

3）设计方法与措施。

4）设计成果。

5）参考文献。

2.3.1 任务指标分析

任务指标是指毕业设计需要完成的基本内容及需要解决的主要问题。任务指标应有 300 字左右的文字说明，简明扼要地介绍课题的基本内容，以及将实现的基本功能。

在这个部分需要表达三个方面的内容：

（1）设计（课题）题目　用于表达课题的主题内容。

（2）主要研究内容　包括研究的对象和研究的问题（通过几个方面的内容来实现），这个部分是设计方案的基础。

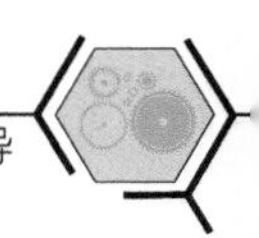

(3) 主要任务及目标　包括应完成的设计计算、实验研究及预期效果。

以湖南信息职业技术学院“基于单片机的LED点阵显示屏设计与制作”毕业设计课题的任务指标分析为例，供读者参考。

任务指标分析

设计完成16×16的LED点阵显示屏，处于静态显示状态时，最多能显示两个完整的汉字。动态滚动显示状态则可以显示一组汉字，最多八个。该任务解决了商业广告和邮电电信等领域的效率及环保问题。

LED点阵屏是重要的信息传递媒体，在多个行业领域均已得到应用，如车票销售点的班车信息显示屏、商业广告显示屏等。LED点阵屏的结构形式有多种，最常见的是把所有的显示信息都固化在硬件中，当该屏售出后，用户就比较难对屏幕信息进行更改。这种点阵屏的优点在于设计简单，价格也相对较低。

2.3.2　设计流程与进度安排

该部分内容的确定参见2.2.3节。

2.3.3　设计方法与措施

该部分说明解决毕业设计中存在问题的方法、具体的技术实施手段，是完成课题研究的途径和保障。常用方法包括文献研究法和对比分析法。

以湖南信息职业技术学院“基于单片机的LED点阵显示屏设计与制作”毕业设计课题的设计方法与措施为例，供读者参考。

设计方法与措施

自己与指导教师约定固定的指导时间，通过QQ、微信以及现场见面等形式，向指导教师汇报毕业设计进展情况，并与指导教师一起解决毕业设计中的疑难问题。具体方法、措施如下：

1）认真阅读毕业设计任务书，了解主要的内容和要求。

2）查阅有关资料，制定毕业设计方案。

3）根据系统要求确定硬件系统设计方案、绘制硬件电路图。

4）根据电路图焊接电路板。

5）通过仪器仪表或编写测试代码检测硬件电路的正确性。

6）根据系统控制要求，制定软件系统设计方案，并绘制程序流程图。

7）编写程序测试代码、进行系统测试，直至达到毕业设计要求。

2.3.4　设计成果

该部分描述学生完成毕业设计时实现的作品功能及创新点。

以湖南信息职业技术学院“基于单片机的LED点阵显示屏设计与制作”毕业设计课题的设计成果为例，供读者参考。

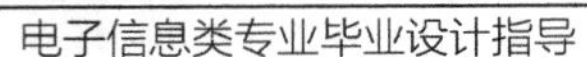

设计成果

本课题将实现的成果如下：

1）点阵屏显示汉字。

2）滚动显示最多八个汉字。

3）具有多种显示模式。

4）提交作品报告书。

2.3.5 参考文献

参考文献虽然放在文末，但也是毕业设计材料的重要组成部分。因为它不仅代表了对被引用文献作者的尊重及引用依据，而且为读者深入探讨有关问题提供了文献查找线索。

1. 参考文献的类型和标识

常用的参考文献（即引文出处）类型以单字母方式标识，具体如下：

①M—普通图书；②C—会议录；③N—报纸；④J—期刊；⑤D—学位论文；⑥R—报告；⑦Z—其他。

2. 参考文献的著录格式及举例

（1）期刊

格式

[序号] 作者. 文章名 [J]. 期刊名，出版年份，卷号（期号）：引文起止页码.

举例

[1] 王海粟. 浅谈会议信息披露模式 [J]. 财政研究，2004，21（1）：56-58.

[2] 夏鲁惠. 高等学校毕业论文教学情况调研报告 [J]. 高等理科教育，2004（1）：46-52.

[3] Heider E R，Oliver D C. The structure of color space in naming and memory of two languages [J]. Foreign Language Teaching and Research，1999（3）：62-67.

（2）普通图书

格式

[序号] 作者. 书名 [M]. 版次（第1版应省略）. 出版地：出版者，出版年份：引文起止页码.

举例

[1] 葛家澍，林志军. 现代西方财务会计理论 [M]. 厦门：厦门大学出版社，2001：42.

[2] Gill R. Mastering English Literature [M]. London：Macmillan，1985：42-45.

（3）报纸

格式

[序号] 作者. 文章名 [N]. 报纸名，出版日期（版次）.

举例

[1] 李大伦. 经济全球化的重要性 [N]. 光明日报，1998-12-27（3）.

[2] French W. Between Silences：A Voice from China [N]. Atlantic Weekly，1987-8-15（33）.

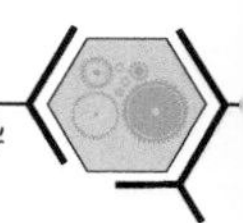

(4) 会议录

格式

[序号] 作者. 题名 [C]. 出版地：出版者，出版年份：引文起始页码.

举例

[1] 伍蠡甫. 西方文论选 [C]. 上海：上海译文出版社，1979：12-17.
[2] 雷光春. 综合湿地管理：综合湿地管理国际研讨会论文集 [C]. 北京：海洋出版社，2012.

(5) 学位论文

格式

[序号] 作者. 文章名 [D]. 出版地：出版者，出版年份：引文起始页码.

举例

[1] 张筑生. 微分半动力系统的不变集 [D]. 北京：北京大学数学系数学研究所，1983：1-7.

(6) 报告

格式

[序号] 作者. 文章名 [R]. 出版地：出版者，出版年份：引文起始页码.

举例

[1] 冯西桥. 核反应堆压力管道与压力容器的 LBB 分析 [R]. 北京：清华大学核能技术设计研究院，1997：9-10.

(7) 译著

格式

[序号] 原著作者. 书名 [M]. 译者，译. 出版地：出版者，出版年份：引文起止页码.

举例

[1] Eric Matthes. Python 编程从入门到实践 [M]. 袁国忠，译. 北京：人民邮电出版社，2016：114-137.

2.3.6 优秀案例

以湖南信息职业技术学院的“基于单片机的 LED 点阵显示屏设计与制作”毕业设计课题为例，展示完整的毕业设计方案。

<table>
<tr><td>学生姓名</td><td>毛璨琦</td><td>学号</td><td>201415030117</td><td>专业</td><td>应用电子</td><td>班级</td><td>1401</td></tr>
<tr><td colspan="2">毕业设计课题</td><td colspan="6">基于单片机的 LED 点阵显示屏设计与制作</td></tr>
<tr><td colspan="2">课题类型①</td><td colspan="2">产品设计</td><td colspan="2">课题来源②</td><td colspan="2">生产实际</td></tr>
<tr><td colspan="3">毕业设计时间</td><td colspan="5">2016 年 9 月 20 日至 2017 年 05 月 05 日</td></tr>
<tr><td colspan="8">一、任务指标分析
设计完成 16×16 的 LED 点阵显示屏，处于静态显示状态时，最多能显示两个完整的汉字。动态滚动显示状态则可以显示一组汉字，最多八个。该设计解决了商业广告和邮电电信等领域的效率及环保问题。</td></tr>
</table>

（续）

LED点阵屏是重要的信息传递媒体，在多个行业领域均已得到应用，如车票销售点的班车信息显示屏、商业广告显示屏等。LED点阵屏的结构形式有多种，最常见的是把所有的显示信息都固化在硬件中，当该屏售出后，用户就比较难对屏幕信息进行更改。这种点阵屏的优点在于设计简单，价格也相对较低。

二、设计流程与进度安排

2016年09月20日~2016年10月10日：完成毕业设计任务书的撰写；

2016年10月11日~2016年11月10日：收集资料，查阅中外文献；

2016年11月11日~2016年12月05日：制订毕业设计方案；

2016年12月06日~2016年12月27日：完成电路设计、程序流程图设计；

2016年12月28日~2017年03月24日：完成电路焊接及组装、完成系统仿真测试；

2017年03月25日~2017年04月25日：完成程序编写及调试、撰写毕业设计作品报告书（实物完成）。

2017年04月26日~2017年05月05日：准备答辩PPT，完成答辩，最终修改毕业设计直至完成。

三、设计方法与措施

自己与指导教师约定固定的指导时间，通过QQ、微信以及现场见面等形式，向指导教师汇报毕业设计进展情况，并与指导教师一起解决毕业设计中的疑难问题。具体方法、措施如下：

1）认真阅读毕业设计任务书，了解主要的内容和要求。

2）查阅有关资料，制定毕业设计方案。

3）根据系统要求确定硬件系统设计方案、绘制硬件电路图。

4）根据电路图焊接电路板。

5）通过仪器仪表或编写测试代码检测硬件电路的正确性。

6）根据系统控制要求，制订软件系统设计方案，并绘制程序流程图。

7）编写程序测试代码、进行系统测试，直至达到毕业设计要求。

四、设计成果

本课题将实现的成果如下：

1）点阵屏显示汉字。

2）滚动显示最多八个汉字。

3）具有多种显示模式。

4）提交作品报告书。

五、主要参考文献③

[1] 李建忠.单片机原理及应用[M].西安：西安电子科技大学出版社，2002.

[2] 李群芳，肖看.单片机原理、接口及应用[M].北京：清华大学出版社，2005.

[3] 于海生.微型计算机控制技术[M].北京：清华大学出版社，2008.

[4] 戴梅萼，史嘉权.微型计算机技术及应用[M].3版.北京：清华大学出版社，2008.

[5] 江晓安，董秀峰.数字电子技术[M].2版.西安：西安电子科技大学出版社，2005.

[6] 张毅刚.单片机原理及应用[M].北京：高等教育出版社，2006.

[7] 李光飞，等.单片机课程设计实例指导[M].北京：北京航空航天大学出版社，2003.

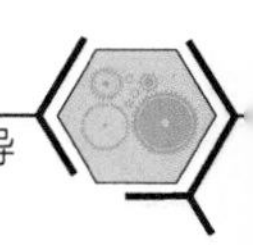

（续）

<table>
<tr><td>指导教师意见
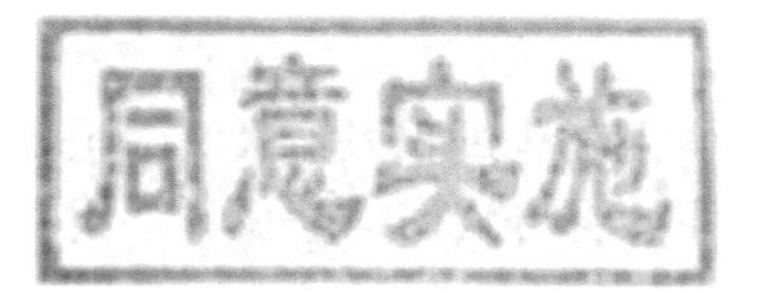
指导教师：2016 年 10 月 24 日</td></tr>
<tr><td>专业教研室意见

教研室主任：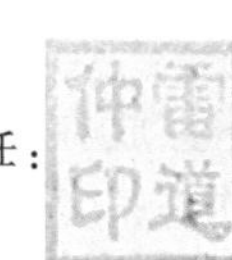2016 年 10 月 28 日</td></tr>
</table>

① 课题类型：产品设计类、工艺设计类、方案设计类等。
② 课题来源：教学科研、生产实际、社会实践、模拟等。
③ 期刊文献：[序号] 作者. 文章名 [J]. 期刊名，出版年份，卷号（期号）：引文起止页码.
图书文献：[序号] 作者. 书名 [M]. 版次（第 1 版应省略）. 出版地：出版者，出版年份：引文起止页码.

2.4 作品报告书的撰写

作品报告书实际上是一份详细的产品说明书。

2.4.1 作品报告书内容

1. 题目

题目要求能准确概括整个作品的核心内容，中文题目一般不超过 25 个字，必要时可加副标题。题目应该具体、切题，不能含糊笼统。

2. 诚信声明

内容如下：

本人郑重声明：所呈交的毕业设计文本和成果，是本人在指导教师的指导下，独立进行研究所取得的成果。成果不存在知识产权争议，本毕业设计不含任何其他个人或集体已经发表过的作品和成果。本人完全意识到本声明的法律结果由本人承担。

3. 目录

目录是一个提纲，也是各章节组成部分的标题。目录应包含二级或三级标题，采用阿拉伯数字分级编号，要求标题层次清晰。目录中的标题要与正文中的标题一致。

4. 正文

正文分为若干章节，陈述作品设计过程及结果。一般应包括设计方案的比较与选择（或方案论证）、设计计算、硬件电路与软件程序设计、设备选型、制作与调试等部分。

5. 总结

总结是作品的归纳，起画龙点睛的作用。总结要准确、精简、完整，着重阐述自己的创造性成果及其研究的意义和作用，还可以进一步提出需要讨论的问题和建议。

6. 致谢

为了尊重他人的劳动和帮助，作者可以在这个部分感谢在完成作品和学业过程中提供帮助的教师、同学、领导及亲友等。

7. 参考文献

参考文献限于作者亲自阅读、明确引用的文献，且文献公开发表或有案可查。参考文献全部列于文后，按照在正文中首次引用的先后次序编号，并在引用处右上角标注参考文献编号。参考文献的顺序号码应与正文中对应的参考文献编号一致，并且所有的参考文献必须在正文中有引用标注。

8. 附录

该部分放一些不宜放在正文中的重要支撑材料，包括重要的原始数据、详细的数学推导、程序代码及其说明、复杂的图标等一系列说明材料。

2.4.2 作品报告书目录优秀案例

以湖南信息职业技术学院的“基于单片机的LED点阵显示屏设计与制作”毕业设计课题为例，展示完整的毕业设计说明书目录。

目　　录

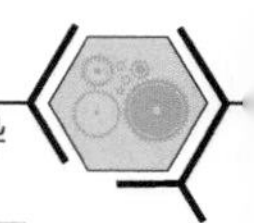

2.4.3　正文撰写

1. 任务方案的确定（硬件和软件）

任务方案主体可以从以下三部分进行阐述：

（1）总体设计方案　该部分是整个毕业设计的灵魂。完成这个部分的前提是，学生要根据被控对象的工艺要求和实际应用中的问题提出具体要求，确定系统要完成的任务、系统应具备的功能和性能指标。在总体设计方案中要将各部分的主要功能、设计方法进行阐述，并对设计方案中各个模块或各部分的关联关系进行说明，尤其是硬件和软件、软件各模块间的关系应重点描述。

（2）硬件设计方案　系统的硬件设计就是模仿硬件工程师基本工作的过程。一个好的硬件工程师实际上就是一个项目经理，需要通过交流获取外界对自己设计的需求，然后汇总、分析成具体的硬件实现；还要和众多的芯片和方案供应商联系，从中挑选合适的方案；当原理图完成后，需要组织同事进行配合评审和检查，还要和CAD工程师一起完成PCB的设计；与此同时，要准备好BOM清单，开始采购和准备物料，联系加工厂家完成电路板的贴装。

当然，在毕业设计中，我们不会如此复杂，在了解基本的硬件设计流程后，学生的任务就是独立完成硬件方案的设计，并且能同时提出多个方案，进行方案论证，选择最优者。接下来，学生按照最优方案，查阅资料、选择芯片、完成原理图，然后在计算机上进行初步的模拟与仿真，最后制作出电路板，完成安装与功能测试。对于纯软件类型的设计课题，该部分可以省略。

电子信息类专业毕业生通常应该具备的硬件设计基础知识如下：

1）基本设计规范。

2）CPU 基本知识、架构、性能及选型指导。

3）51 单片机系列基本知识、性能详解及选型指导。

4）常用器件选型要点与精华。

5）网络基础。

6）网络处理器的基本知识、架构、性能及选型。

7）常用总线的基本知识、性能详解。

能够熟练掌握并使用专业设计工具：

1）电路绘制软件 Protel、Keil 等。

2）各种电路仿真工具，如 Multisim、ISIS 等。

3）学习熟练使用 VIEWDRAW、ORCAD、POWERPCB、SPECCTRA、ALLEGRO、CAM350 等工具。

4）FPGA 设计工具。

（3）软件设计方案　软件设计也应该先绘制软件流程图，然后针对每一个小模块详细说明内部的原理和流程。对计算部分，要列出理论公式；还需说明软件设计中采取的步骤及方法。

2. 硬件设计

这个部分，需要学生清楚地展示系统设计方案、电路原理图、电路工作原理以及关键的主控芯片的使用方法。以湖南信息职业技术学院的“基于单片机的 LED 点阵显示屏设计与制作”毕业设计课题为例，说明硬件设计部分的撰写。

该毕业设计作品的硬件设计主要由四个部分组成。

（1）系统设计方案　此部分应有系统结构图，并且在文中要对其进行详细的说明。如图 2-3 所示，系统结构图是一个系统的整体功能设计图，它由方框（或圆）、线条、箭头组成。这是电路设计之初必须完成的工作，为接下来的电路设计和程序设计提供基础。

系统结构图反映的是一个系统的层次分解关系、模块之间的调用关系，以及模块之间数据流和控制流信息的传递关系，它是描述系统物理结构的主要图表工具。

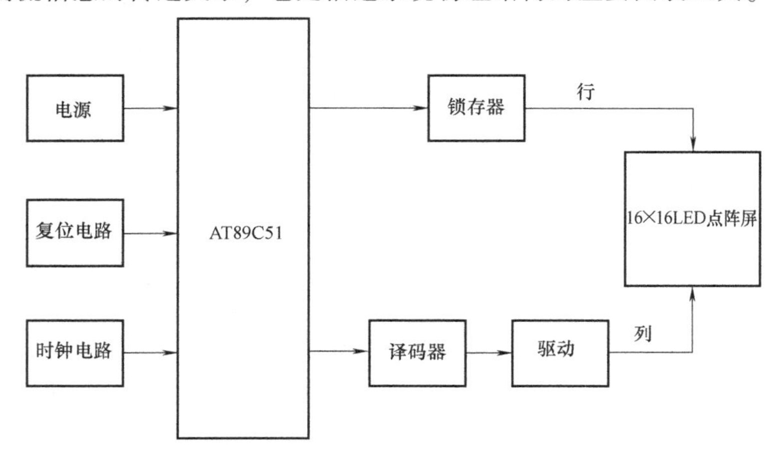

图 2-3　LED 点阵显示屏系统结构图

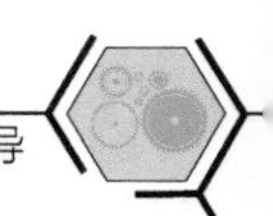

图 2-3 展示了该设计的硬件系统设计方案：单片机采用 AT89C51 作为系统主控制芯片，点阵屏的行驱动由单片机的 P1 口实现；列驱动数据由单片机 P0 口数据承担。

（2）电路原理图　接下来，根据系统结构图，由学生选定电子元器件，然后设计出电路原理图。该毕业设计作品的电路原理图如图 2-4 所示，该学生的绘制软件选择了 Protel DXP2004。

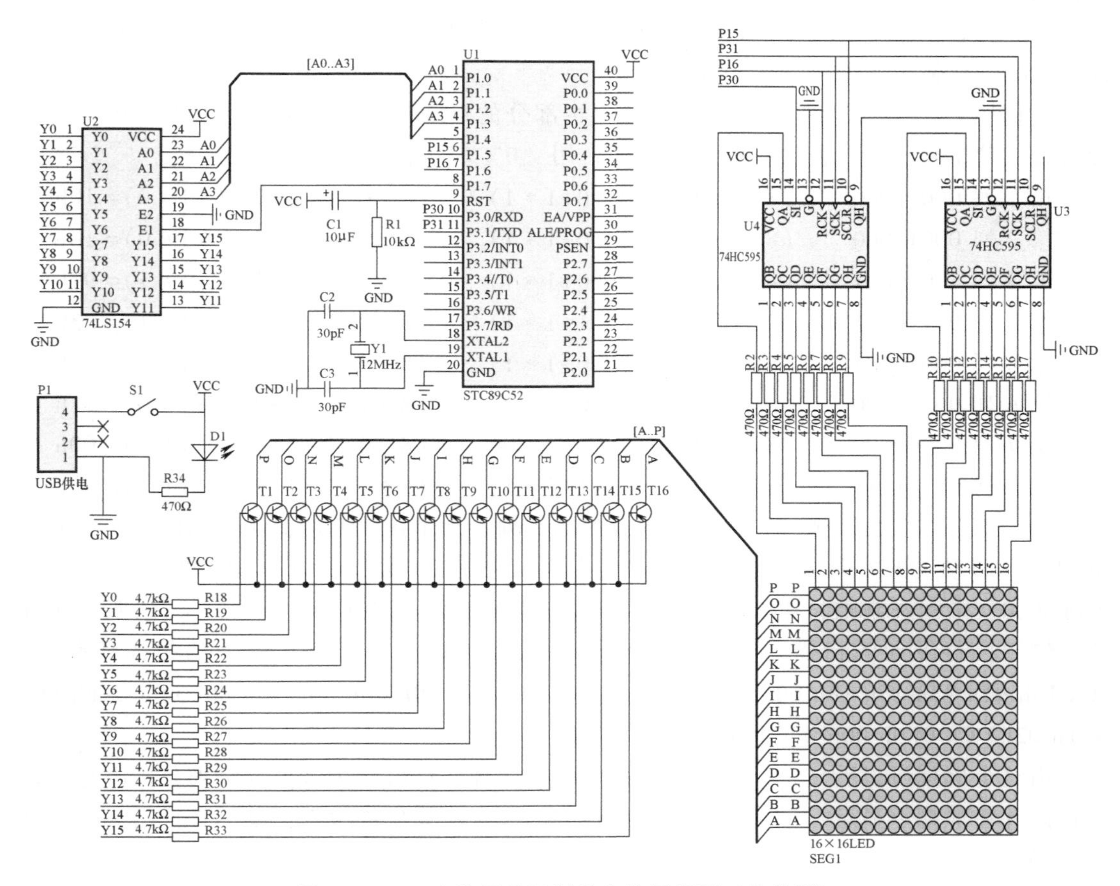

图 2-4　LED 点阵显示屏硬件电路原理图（软件图）

电路原理图的设计要综合运用数字电路、模拟电路、单片机、电路设计与仿真、电工电子、PCB 制图等多门课程的知识。

（3）电路工作原理　该学生对 LED 点阵显示屏电路的工作原理进行了详细阐述。用一个“祝”字（图 2-5）在点阵显示屏上的显示过程，形象地解释了显示字符和点阵显示屏之间的关系。

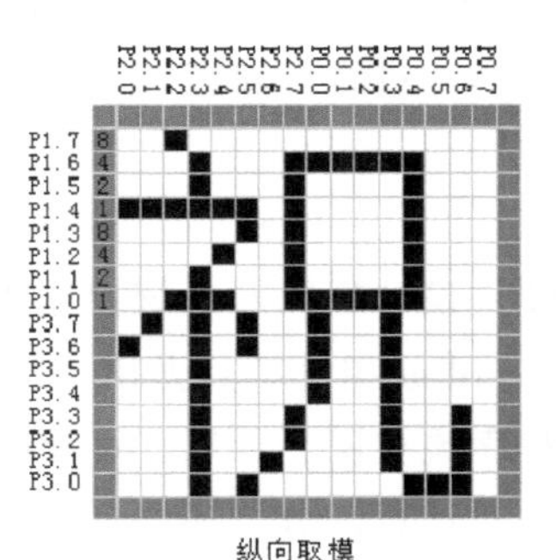

图 2-5　16×16LED 汉字显示示意图

文中描述如下：

用 8 位的 AT89C51 单片机控制，由于单片机的总线为 8 位，一个字需要拆分为两个部分。一般把它拆分为上部和下部，上部由 8×16 点阵组成，下部也由 8×16 点阵组成。在本例中，单片机首先显示的是左上角的第一列的上半部分，即第 0 列的 P1.7~P1.0 口，方向为 P1.7→P1.0。显示汉字“祝”时，P2.0 点亮，P1 口由上往下排列，为：P1.7 灭、P1.6 灭、P1.5 灭、P1.4 亮、P1.3 灭、P1.2 灭、P1.1 灭、P1.0 灭，即二进制 00010000，转换为十六进制为 10h。

我们用 8421 法来计算“祝”字的左上半部分的点阵数据，使用纵向取模。从上到下黑方块（亮）用“1”表示，白方块（灭）用“0”表示，则：

第 1 列 00010000　(8＊0+4＊0+2＊0+1＊1)　(8＊0+4＊0+2＊0+1＊0)= 10h
第 2 列 00010000　(8＊0+4＊0+2＊0+1＊1)　(8＊0+4＊0+2＊0+1＊0)= 10h
第 3 列 10010001　(8＊1+4＊0+2＊0+1＊1)　(8＊0+4＊0+2＊0+1＊1)= 91h
第 4 列 01110011　(8＊0+4＊1+2＊1+1＊1)　(8＊0+4＊0+2＊1+1＊1)= 73h
第 5 列 00010101　(8＊0+4＊0+2＊0+1＊1)　(8＊0+4＊1+2＊0+1＊1)= 15h
第 6 列 00011000　(8＊0+4＊0+2＊0+1＊1)　(8＊1+4＊0+2＊0+1＊0)= 18h
第 7 列 00000000　(8＊0+4＊0+2＊0+1＊0)　(8＊0+4＊0+2＊0+1＊0)= 00h
第 8 列 01111111　(8＊0+4＊1+2＊1+1＊1)　(8＊1+4＊1+2＊1+1＊1)= 7Fh

上半部分完成后，继续扫描下半部分的第一列，为了接线方便，我们仍设计成由上往下扫描，即从 P3.7 向 P3.0 方向扫描，从图 2-5 可以看到，这一列 P3.6 亮，即为 01000000，十六进制则为 40h。然后单片机转向下半部分第二列，P2.1 点亮，依照上述方法，继续进行下面的扫描，一共扫描 32 个 8 位，可以得出汉字“祝”的扫描代码为：10h 10h 91h 73h 15h 18h 00h 7Fh 41h 41h 41h 41h 7Fh 00h 00h 00h 40h 80h 00h 0FFh 00h 0C1h 02h 0Ch 0F0h 00h 00h 0FEh 01h 01h 0Fh 00h。

由这个原理可以看出，无论显示何种字体或图像，都可以用这个方法来分析出它的扫描代码并在屏幕上显示。不过现在有很多现成的汉字字模生成软件，就不必自己去画表格算代码了。

（4）主控芯片介绍　这个部分重点介绍系统主控芯片的工作方式和原理。学生可以对自己选择的主控芯片进行详细的描述。该毕业设计中学生选择了单片机 AT89C51 作为主控芯片。

3. 软件设计

当学生完成硬件设计后，对系统控制需求有了清晰的了解。接下来就可以根据自己的经验和需求，用 Word 或相关工具做出一份系统的功能需求文档，在毕业设计中的表现形式为软件系统的程序流程图，如图 2-6 所示。学生需要针对每一个模块详细说明其内部的工作原理和流程。对计算部分，还要列出理论公式和软件设计所采取的步骤及方法。对精度要求较高的场合，还需要说明达到这种要求所采用的技巧和手段。

4. 作品的安装与调试

该部分包括电路制作过程介绍、元器件清单、电路组装与焊接、电路检测等内容。

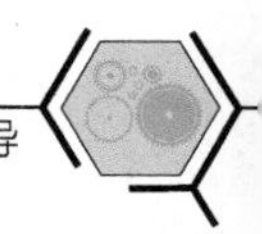

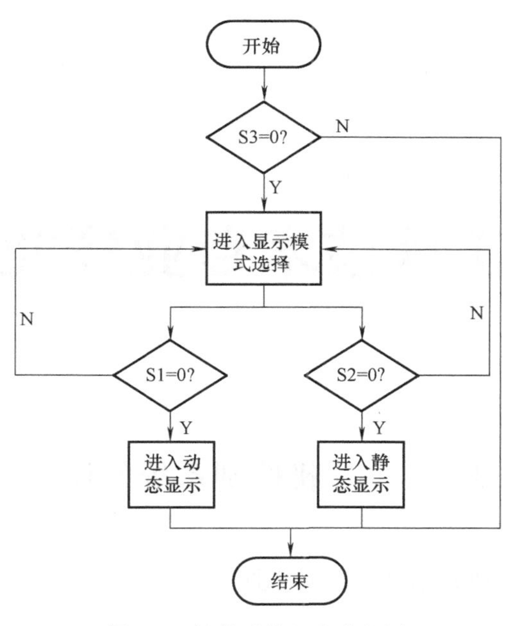

图 2-6　软件系统程序流程图

对于工程技术类专业的毕业设计，测试数据是不可缺少的，通过测试数据，毕业设计工作的成效就可以一目了然。根据课题的要求，可以在实验室环境下进行测试，也可以在工作现场测试。

第3章

电子信息工程技术专业毕业设计指导

3.1　单片机控制系统的设计

3.1.1　单片机控制系统的使用范围

单片机是采用超大规模集成电路技术，把具有数据处理能力的中央处理器（CPU）、随机存储器（RAM）、只读存储器（ROM）、多种I/O口和中断系统、定时器功能集成到一块硅片上构成的微型计算机系统。微型计算机控制系统的组成框图如图3-1所示。

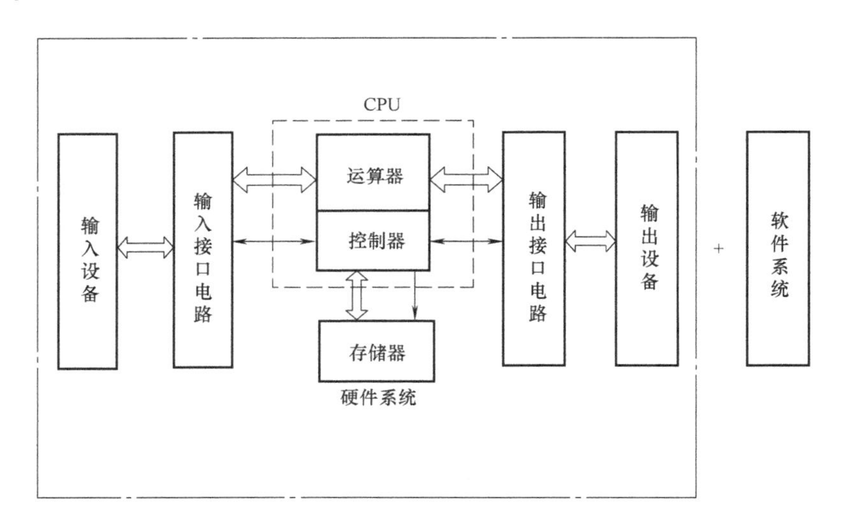

图3-1　微型计算机控制系统的组成框图

图3-1中的硬件系统构成微型计算机的实体，软件系统包含微型计算机系统的各种程序，软件系统与硬件系统构成实用的微型计算机系统，两者相辅相成，缺一不可。单片机本身无编程能力，需要借助计算机和相应的软件工具。单片机应用系统作为微型计算机控制系统的一个典范，得到了许多行业的青睐。

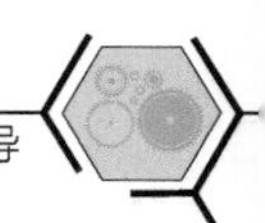

目前，单片机已经渗透到我们生活的各个领域，大到导弹的导航装置、飞机上的各种仪表的控制、计算机的网络通信与数据传输、工业自动化过程的实时控制和数据处理，小到广泛使用的各种智能IC卡，录像机、摄像机、全自动洗衣机，以及程控玩具、电子宠物等，都离不开单片机。电子科技的发展日新月异，单片机已应用于机器人自动控制、智能仪表和医疗器械等高科技、高精度领域。单片机应用大致可分为如下五个范畴：

1. 智能仪表方面的应用

单片机体积小、功耗低、控制功能强大，因其扩展灵活、微型化和使用方便等优点，广泛应用于仪器仪表中。单片机结合不同类型的传感器，可以实现湿度、温度、流量、速度、电压、功率、频率、厚度、角度、长度、硬度等物理量的测量。对比电子电路或数字电路，单片机控制使仪器仪表变得更加数字化、智能化和微型化，尤其在精密的测量设备中，单片机的应用越来越重要。

2. 工业控制方面的应用

应用单片机可以构成形式多样的控制系统、数据采集系统。例如工厂流水线的智能化管理系统、电梯智能化控制系统、各种报警系统，还可与计算机联网构成二级控制系统等。

3. 智能民用产品方面的应用

把单片机控制器引入到家用电器、玩具、游戏机、声像设备、电子秤、收银机、办公设备、厨房设备等产品中，不仅使产品的功能大大增强、性能得到提高，而且可获得良好的使用效果。

4. 计算机网络和通信领域中的应用

现代单片机普遍具备通信接口，可以很方便地与计算机进行数据通信，为计算机网络和通信设备间的连接提供了极好的物质条件。现在的通信设备基本上都实现了单片机智能控制，例如手机、电话机、小型程控交换机、楼宇自动通信呼叫系统、列车无线通信，以及日常工作中的移动电话、集群移动通信、无线电对讲机等。

5. 医用设备领域中的应用

单片机在医用设备中的用途也相当广泛，例如用于医用呼吸机、各种分析仪、监护仪、超声诊断设备及病床呼叫系统等。

3.1.2　单片机控制系统的基础知识

1. 常见传感器的基础知识及选择方法

传感器是将非电量转换为与之有确定对应关系的电量输出的一种装置。传感器是人类通过仪器探知自然和科学的触角，它的作用与人的器官相类似。比如，眼睛获得的信息内容是光、图像和色彩，而在电路设计中，光敏传感器可以检测光的强弱。如果将计算机视为识别和处理信息的“大脑”，将通信系统比作传递信息的“神经系统”，将执行器比作“肢体”的话，那么传感器就相当于“五官”。

传感器的类型有很多，常见的有光敏传感器、气敏传感器、声敏传感器、湿敏传感器和位移传感器。由于各自材料的不同和结构的差异，它们所转换的信息也各不相同。常用的传感器及其特点见表3-1。

表 3-1　常用的传感器及其特点

<table>
<tr><th>传感器类型</th><th>传感器形式</th><th colspan="2">传感器特点</th><th>其他说明</th></tr>
<tr><td rowspan="5">温度传感器</td><td>热敏电阻</td><td colspan="2">电阻随温度变化，具有负温度系数，典型阻值范围 50～1MΩ</td><td>灵敏度高，阻值与温度具有指数函数关系，采用线性化网络修正</td></tr>
<tr><td>热电偶</td><td colspan="2">温度范围(-200～2000℃)</td><td>灵敏度低，易于使用，成本低</td></tr>
<tr><td rowspan="3">热电阻</td><td colspan="2">适用范围为中、低温区(850℃以下)，常见热电阻材料为铂和铜</td><td rowspan="3">重复性好，在较宽的温度范围内有较好的线性度，需用电桥等测量线路</td></tr>
<tr><td>铂热电阻适用范围</td><td>铜热电阻适用范围</td></tr>
<tr><td>-200～850℃</td><td>-50～150℃</td></tr>
<tr><td rowspan="3">压力传感器</td><td>应变片</td><td colspan="2">电阻输出(单片)或电压输出(应变桥)，灵敏度低</td><td>输出电平低，需要激励电压或电流</td></tr>
<tr><td>可变电阻</td><td colspan="2">输出量是电阻值，典型阻值范围为 500～5kΩ，灵敏度高</td><td>灵敏度高，易形成高电平输出，需要激励电压或电流</td></tr>
<tr><td>压电片</td><td colspan="2">电输出，只响应交流或瞬态变化，典型上限频率为 50kHz</td><td>只响应交流信号或瞬态信号</td></tr>
<tr><td rowspan="4">力传感器</td><td>金属应变片</td><td colspan="2">金属外形发生变化引起电阻值发生变化，测量线路通常使用电桥，典型阻值范围为 120～350Ω</td><td>应变信号微弱</td></tr>
<tr><td>应变片电桥测力计</td><td colspan="2">输出电压随应变变化</td><td>信号微弱，需要激励电压或电流，典型的激励电压范围是 5～15V</td></tr>
<tr><td>半导体应变片</td><td colspan="2">由单独的应变片组成电桥形式，电压输出，非线性，受温度影响大</td><td>较金属应变片的信号强，需要激励电压或电流</td></tr>
<tr><td>压电式</td><td colspan="2">电荷输出</td><td>常见的压电材料有石英、钛酸钡、锆钛酸铅等</td></tr>
<tr><td rowspan="4">液面传感器</td><td>浮标式</td><td colspan="2">电阻或电位器输出</td><td>能输出高电平，需要激励电压或电流</td></tr>
<tr><td>热式</td><td colspan="2">电阻性负载，典型阻值范围为 500～2kΩ</td><td>自热式温度敏感元件(热敏电阻)，用于检测断续电平变化，当液面降低到遮不住热敏电阻时，会发生突然的电阻变化</td></tr>
<tr><td>光学式</td><td colspan="2">典型的通/断电阻，典型阻值范围为 100～100MΩ</td><td>光的吸收或散射遮断光电子通路</td></tr>
<tr><td>压力式</td><td colspan="2">稳定性好，量程范围为 0～200m，输出范围为 4～20mA(二线制)</td><td>用于净水、污水及盐水的物位测量</td></tr>
</table>

在工业生产领域，生产过程中产品质量的检测、产品质量控制、提高生产的经济效益、节能和生产过程的自动化等环节，需要测量生产过程中的有关参数和（或）进行反馈控制，以保证生产过程中的这些参数处在最优状态。这些操作都离不开传感器的帮助，因此，选用一种合适的传感器对整个检测系统或控制系统而言至关重要。

2. 检测系统

所谓检测系统，是指为完成某项测量所使用的一系列仪器，即指由相关器件、仪器和测量装置有机组合而成的具有获取某种信息的功能的整体。

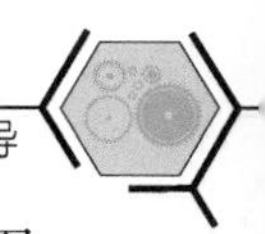

检测系统由传感器、信号调理、信号传输、信号处理、显示、记录等环节组成，如图3-2所示。

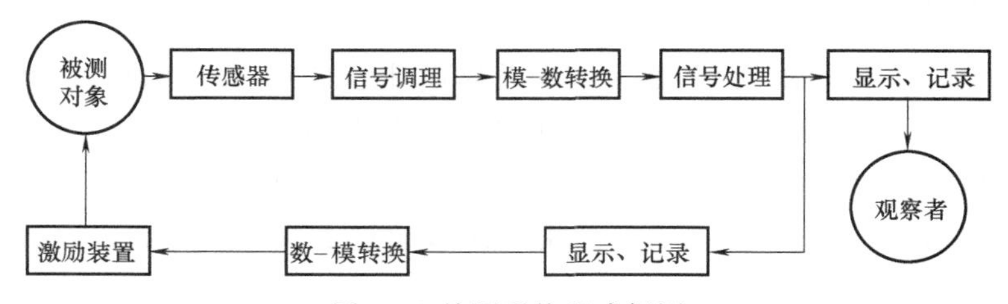

图 3-2 检测系统组成框图

传感器是把被测量转换成电学量的装置，显然，传感器是检测系统中与被测对象直接发生联系的部件，是检测系统最重要的环节，检测系统获取信息的质量往往由传感器的性能确定。在传感器的使用中，有两个必不可少的概念：第一，检测信号；第二，能把检测信号变换成一种与被检测量有确定函数关系的量，而且便于传输和处理。

测量电路的作用是将传感器的输出信号转换成易于测量的电压或电流信号。通常，传感器的输出信号是微弱的，需要由测量电路放大，以满足显示及记录装置的要求。根据需要，测量电路还能进行阻抗匹配、微分、积分、线性化补偿等信号处理工作。

3.2 智能柜电子密码锁的设计（案例1）

3.2.1 控制需求分析

智能柜电子密码锁广泛地应用在各大超市、健身馆、更衣室等场所。目前市面上主要有自编码智能柜、指纹识别智能柜、红外条码智能柜、智能卡智能柜四类。

该选题是设计一款智能柜电子密码锁，实物图如图3-3所示。使用者本人设定输入4~10位自编密码，状态灯显示各门状态，使用者一目了然。密码使用一次后就被自动清空，方便安全。

图 3-3 智能柜电子密码锁实物图

3.2.2 技术要求

1）为了防止密码被窃取，要求输入密码时在LCD屏幕上显示“*”号。

2）设计开锁密码为6位密码的电子密码锁。

3）采用5V供电，供电形式不限。

4）LCD屏幕能够在密码正确时显示“OPEN”，在密码错误时显示“ERROR”。

5）输入错误密码超过限定的三次，密码锁锁定。

6）采用4×4的矩阵键盘，其中包括“0~9”的数字键、“A~D”的功能键和“*”“#”按键。

7）本产品具备报警功能，当输入密码错误时有蜂鸣器报警提示。密码可以由用户自己修改设定（只支持6位密码），修改密码之前必须再次输入原密码，在输入新密码时需要二次确认，以防止误操作。

3.2.3 总体设计方案

根据智能柜的技术要求，该控制系统的总体设计思路为：1）用户放置物品之前，按键设置6位密码；取物时输入密码，若密码正确，锁打开，LCD屏幕显示“open!”。2）此密码用户可以自己修改（6位密码），必须在锁打开时才能修改。3）为防止误操作，修改密码需输入两次。4）若输入错误的密码次数超过3次，蜂鸣器报警并且锁定键盘。5）设置复位、掉电保存密码功能。

本设计采用方案对比，根据实际条件选择合适的方案。

方案一：采用数字电路控制。用74LS112双JK触发器构成的数字逻辑电路作为密码锁的核心控制系统，共设置9个用户输入键，其中只有4个有效的密码按键，其他的都是干扰按键，若按下干扰键，键盘输入电路自动清零，原先输入的密码无效，需要重新输入；如果用户输入密码的时间超过10s（一般情况下，用户输入时间不会超过10s，若用户觉得不便，还可以修改），电路将报警20s；若电路连续报警三次，电路将锁定键盘2min，防止他人的非法操作。

方案二：采用STC89C52单片机控制。选用单片机STC89C52作为控制的核心元件，利用单片机灵活的编程设计和丰富的I/O端口，基于其控制的准确性，实现基本的密码锁功能。在单片机的外围电路外接输入键盘，用于密码的输入和一些功能的控制，外接LCD1602显示屏幕用于显示作用，其原理如图3-4所示。

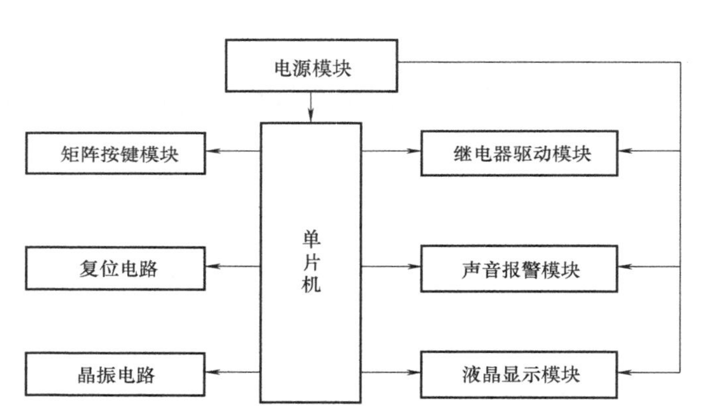

图3-4 单片机控制智能柜电子密码锁原理框图

方案比较：

方案一中采用数字电路的好处是设计简单，但控制的准确性和灵活性差，故不采用。方案二中单片机控制的电路设计灵活，端口较多，因此选择方案二。

3.2.4 硬件设计

1. 单片机STC89C52系统设计

硬件系统主要由电源模块、复位电路、晶振电路、液晶显示模块、声音报警模块、矩阵按键模块、继电器驱动模块等组成。

参照图3-4所示的系统原理框图，运用绘图软件DXP 2004绘制如图3-5所示的智能柜电子密码锁电路原理图。

2. 智能柜矩阵按键模块设计

按键模块设计了1个4×4的矩阵键盘，其中有10个数字按键（0~9），A、B、C键

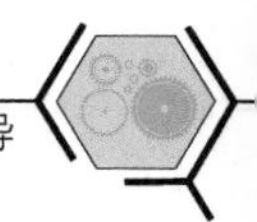

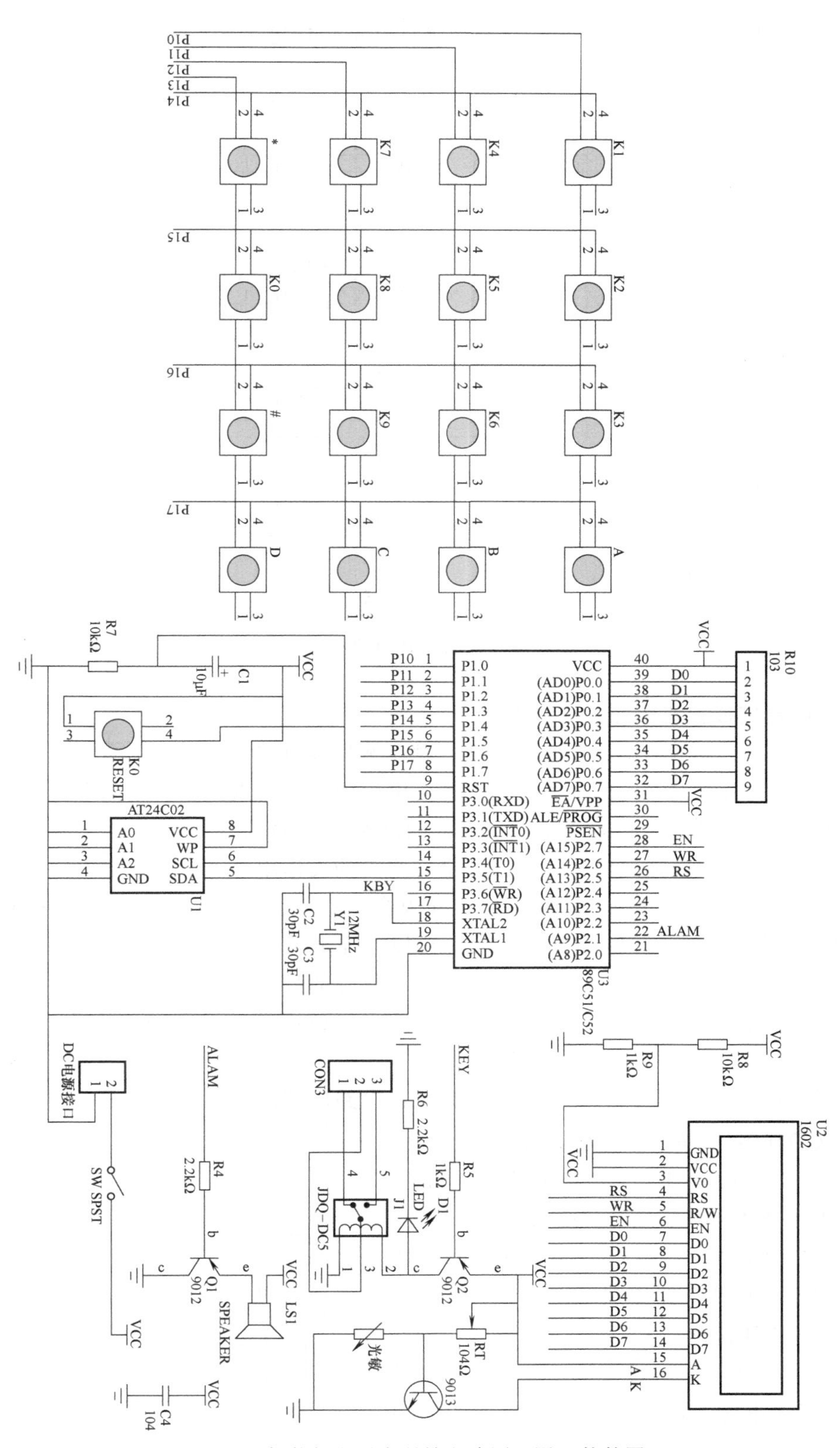

图 3-5　智能柜电子密码锁电路原理图（软件图）

无定义，＊键为取消当前操作功能，#键为确认功能，D 键为修改密码功能，模块电路原理图如图 3-6 所示。

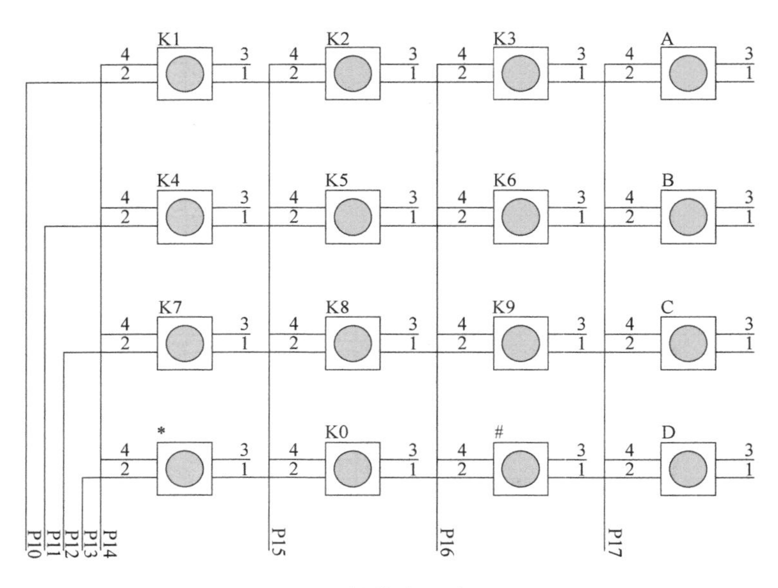

图 3-6　按键模块电路原理图

3. 继电器模拟智能柜开关模块设计

电磁继电器一般由铁心、线圈、衔铁、触点簧片等组成。只要在线圈两端加上一定的电压，线圈中就会流过一定的电流，从而产生电磁效应，衔铁就会在电磁吸力的作用下克服复位弹簧的拉力吸向铁心，从而带动衔铁的动触点与静触点（常开触点）吸合。当线圈断电后，电磁吸力也随之消失，衔铁就会在弹簧的反作用力下返回原来的位置，使动触点与原来的静触点（常闭触点）释放。这样吸合、释放，从而达到导通、切断电路的目的。对于继电器的“常开”“常闭”触点，可以这样来区分：继电器线圈未通电时处于断开状态的静触点，称为“常开触点”；处于接通状态的静触点，称为“常闭触点”。继电器一般有两股电路：低压控制电路和高压工作电路。继电器的线圈和接线端子是分立的，互不影响的。

本设计方案中继电器的触点只相当于开关，电路原理图如图 3-7 所示。

4. LCD1602 液晶显示模块设计

8 位数据口（D0～D7）接到单片机的 P10～P17，使能引脚 EN 接单片机 P28，读写信号 R/W 接单片机的 P27，复位信号 RS 接单片机的 P26，液晶显示模块电路原理图如图 3-8 所示。

5. 电源模块设计

电源 1 脚接地，2 脚接自锁开关，开关的另一个引脚再接电源，电源模块电路原理图如图 3-9 所示。

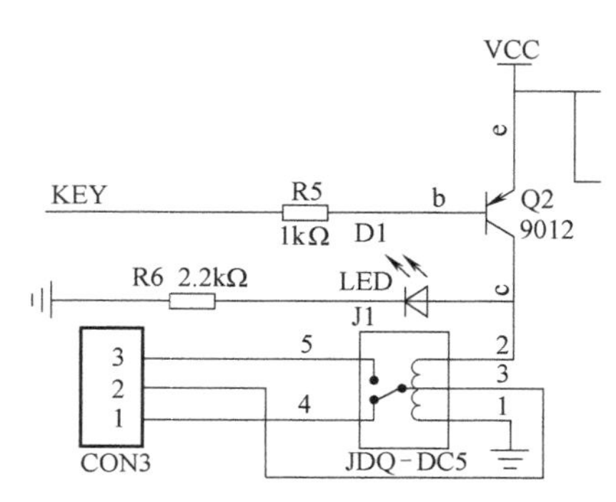

图 3-7　继电器开关模块电路原理图

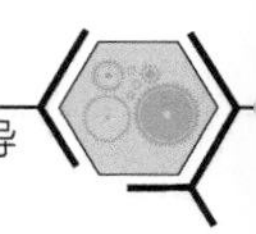

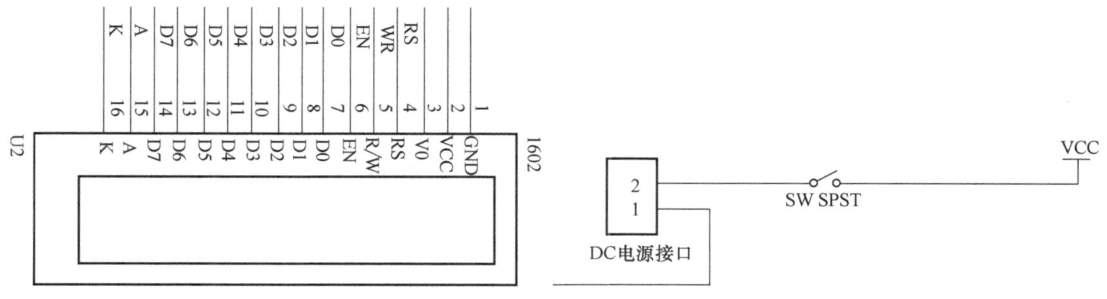

图 3-8　LCD1602 液晶显示模块电路原理图　　图 3-9　电源模块电路原理图

3.2.5　软件设计

1. 智能柜电子密码锁主程序设计

本系统软件程序由主程序、初始化子程序、LCD 显示子程序、键盘扫描子程序、键功能子程序、密码设置子程序、EEPROM 读写子程序和延时子程序等组成。主程序流程图如图 3-10 所示。

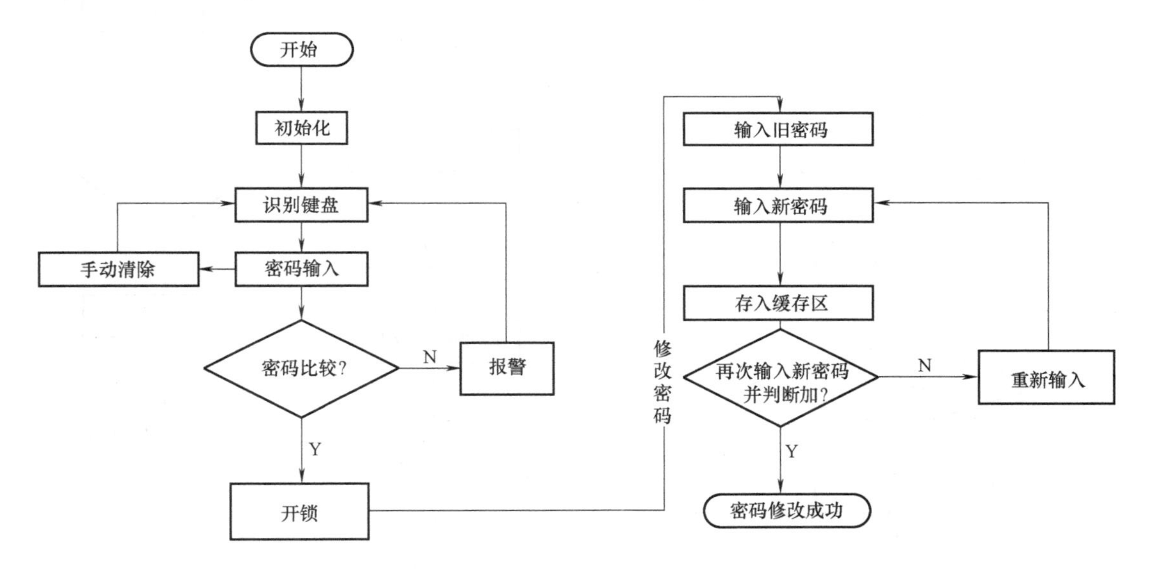

图 3-10　智能柜电子密码锁主程序流程图

2. 键盘扫描子程序设计

采用行、列扫描的方法完成对键盘的扫描。工作原理是先确定按键在哪一行，接着再确定在哪一列，由此来判断是哪个按键被按下了。键盘扫描程序的流程：先判断是否有键闭合，无键闭合时，返回继续判断。有键闭合时，先延时去抖动，然后确定是否有键按下，若无键按下，则返回继续判断是否有键闭合。若有键按下，则判断键号，然后释放。若释放按键成功，则返回，若释放按键不成功，则返回继续释放。键盘扫描子程序的流程图如图 3-11 所示。

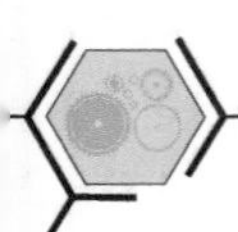

3. 密码设置子程序设计

当用户需要修改密码时，还要进行密码的重新设置。密码设置子程序流程图如图 3-12 所示。

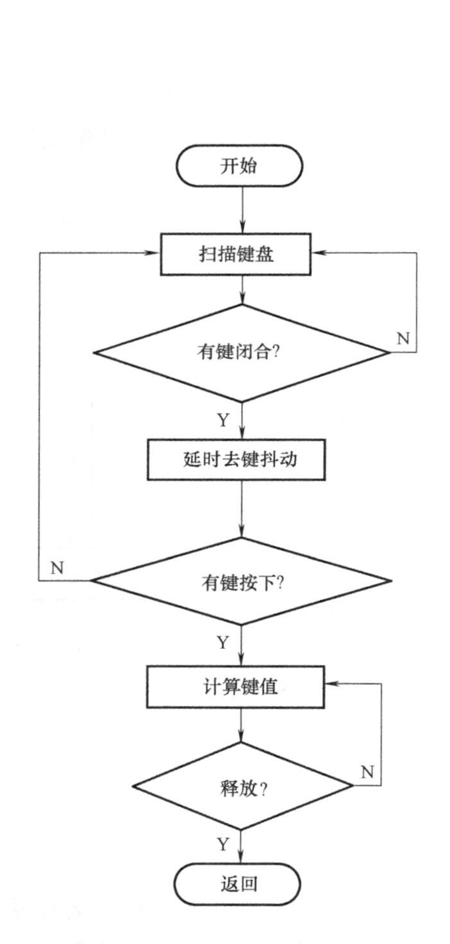

图 3-11 键盘扫描子程序流程图

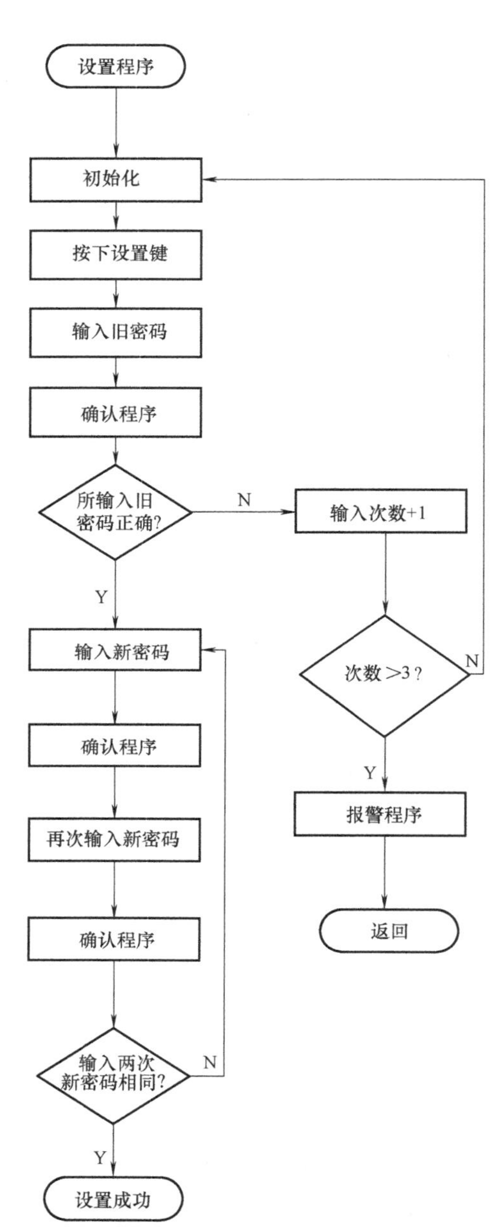

图 3-12 智能柜密码设置子程序流程图

4. 开锁子程序设计

该部分主要实现的功能是判断输入密码是否准确，密码准确则开锁；输入错误密码超过限定的三次，则电子密码锁定。开锁子程序流程图如图 3-13 所示。

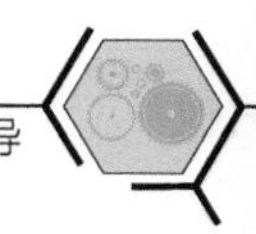

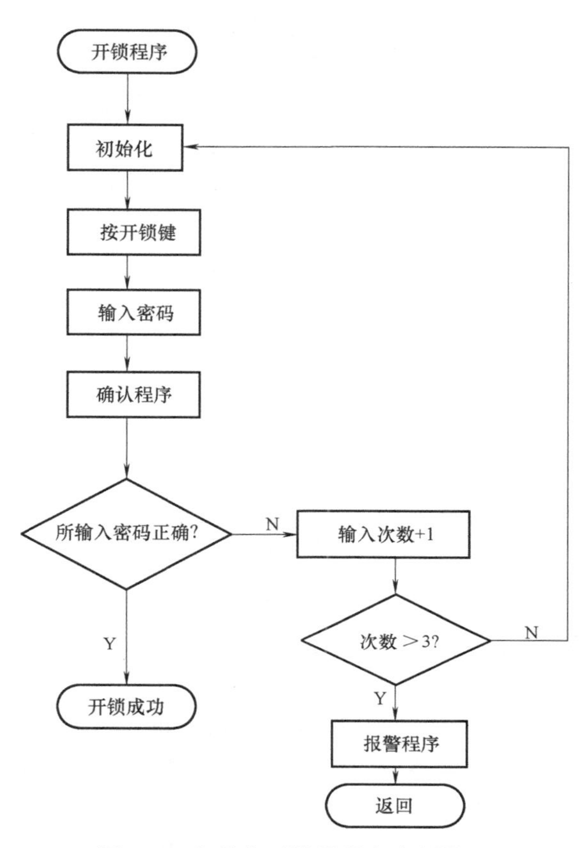

图 3-13 智能柜开锁子程序流程图

3.2.6 电路制作

1. 电路制作思路

电路制作过程分为以下几步：

1）根据图 3-5 所示的电路原理图整理出硬件电路所需要的元器件清单，并根据清单将所需要的元器件备齐。

2）利用专用检测工具，如万用表等，对所备元器件的状态、参数值等进行检测，相同参数的元器件归放在一起，做好分类，贴上标签，防止组装出错。

3）运用专业绘图软件 DXP 2004，绘制出 PCB 组装电路图。如果采用万能板组装，则先明确焊接电路板的尺寸、元器件的封装尺寸及数量，准备一张相同尺寸的纸，将需要焊接的元器件逐一摆放在上面，调整好位置，最后在纸上描绘出组装草图。

4）对照 PCB 组装电路图或万能板组装草图进行组装、焊接。

5）利用专用检测工具对组装的电路板的正确性进行检测。

6）对检测完成的电路板进行工艺检测和整理，包括：控制线、信号线贴注标签，焊接点检测，焊接引脚修整，连接线捆绑整理等，直至整个硬件电路系统组装完成。

2. 元器件清单

智能柜硬件电路系统的元器件清单见表 3-2。

表 3-2　元器件清单

序号	名称	型号/规格	数量	序号	名称	型号/规格	数量
1	单片机	STC89C52	1 片	14	接线端子	5V	1 个
2	小按键	H0203G	17 个	15	有源蜂鸣器	5V	1 个
3	液晶屏	1602	1 块	16	IC 座	40 脚	1 个
4	插针	16P	1 个	17	IC 座	8 脚	1 个
5	单排母座	16P	1 个	18	自锁开关		1 个
6	光敏电阻	H0203K	1 个	19	芯片	24C02	1 片
7	可调电阻	104Ω	1 个	20	晶振	12MHz	1 个
8	电阻	10kΩ	4 个	21	电容	10μF	1 个
9	电阻	2.2kΩ	2 个	22	电容	30pF	2 个
10	电阻	1.5kΩ	1 个	23	导线	5mm	若干
11	排阻	103	1 个	24	LED	5mm(红色)	1 个
12	晶体管	9012	2 个	25	5V 继电器	松乐	1 个
13	晶体管	9013	1 个	26	电源插口	DC	1 个

3. 电路组装与焊接

电路组装与焊接一般分四步骤进行：

1）准备焊接。清洁被焊元器件的积尘及油污，再左右查看被焊元器件周围的元器件，使电烙铁头可以触到被焊元器件的焊锡处，并避免烙铁头伸向焊接处时损坏其他元器件。焊接新的元器件时，应对元器件的引线镀锡。

2）加热焊接。将沾有少许焊锡和松香的电烙铁头接触被焊元器件几秒钟。若需要拆下印制板上的元器件，则待烙铁头加热后，用手或镊子轻轻拉动元器件，看是否可以取下。

3）清理焊接面。若所焊部位焊锡过多，可将烙铁头上的焊锡甩掉（注意不要烫伤皮肤，也不要甩到印制电路板上）。若焊点焊锡过少、不圆滑，可以用电烙铁头“蘸”些焊锡对焊点进行补焊。

4）检查焊点。观察焊点是否圆润、光亮、牢固，是否有与周围元器件连焊的现象。

本设计中电路的具体焊接过程如下：

1）焊接单片机的晶振电路、复位电路等单片机上最小系统的外围电路。

2）焊接 LCD 的相应引脚，并把 LCD 的引脚与单片机相连接。

3）焊接键盘的按键电路。

4）焊接电子密码锁密码输入错误时的报警电路。

5）焊接密码锁的开锁系统电路。

6）焊接其他接口及辅助电路。

7）焊接接地及高电平。

4. 电路检测

当硬件电路组装、焊接完成后，要对组装电路板的正确性进行检测，检测步骤如下：1）首先运用万用表检测整个电路各个连接点是否接通，是否存在虚焊、短路的现象；2）检测元器件有无极性反接的现象；3）检测供电电路是否接通，正、负极有无反接等；

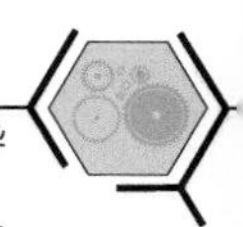

4）完成以上环节的检测后，便可以通电，检测系统供电是否正常。如正常，可以用5V可调直流电源将电压调至1.5V左右，观察显示屏能否显示；再按按键，观察电路是否正常。

3.2.7　系统调试

完成系统的硬件和软件设计之后，为了保证电路能够按照要求正常地运行，还需要进行系统调试。调试可分为硬件调试和软件调试。在允许的条件下，根据本设计系统的控制要求，首先在PC上用模拟仿真软件进行检测和调试，软件模拟调试通过后，将生成的目标程序下载到硬件电路板中，如果出现与软件仿真不一样的现象，则需要再一次检测硬件电路，进行硬件调试工作，直至系统功能完全正常。

1. 仿真调试

在硬件支持的环境下，用Proteus设计好的电路、Keil编好的程序编译成芯片识别的S51文件，利用PC写进Proteus程序图芯片内进行仿真测试，并对出现的错误进行修改，过程如图3-14～图3-17所示。

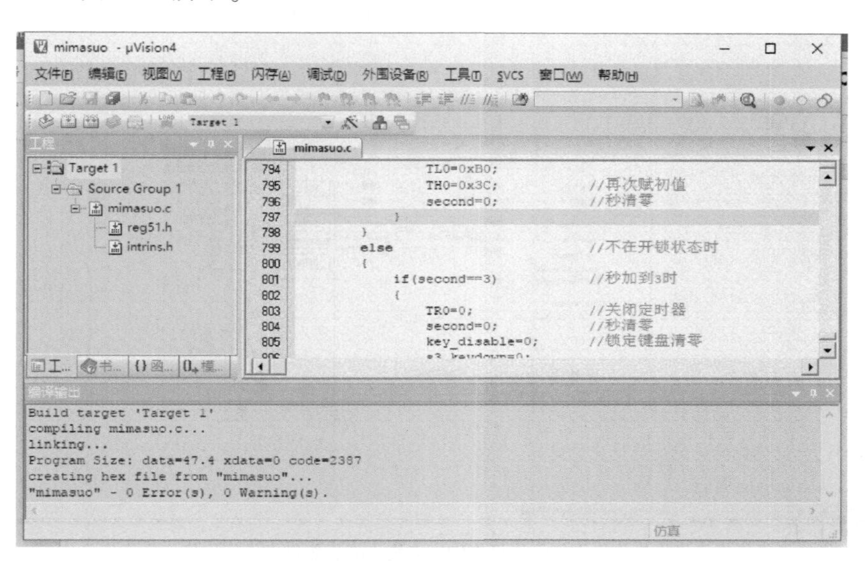

图3-14　Keil编译程序成功

2. 硬件调试

在电路制作的过程中，我们对硬件电路做了初步的检测，但有时系统硬件电路的检测并不是一步到位的，许多硬件故障在软件调试时才能发现，在软件调试后进行的硬件调试工作大致可以分为以下四步：

（1）目测检查　根据硬件电路图，仔细检查样机线路是否连接正确，并核对元器件的型号、规格和安装是否符合要求，必要时可用万用表检测线路通断情况。

（2）电源调试　样机的第一次通电测试很重要，若样机中存在电源故障，则加电后将造成元器件损坏。电源调试的方法有两种：一种是断开样机稳压电源的输出端，检查空载时电源工作情况；另一种是拔下样机上的主要集成芯片，检查电源的负载能力（用假负载）。确保电源无故障且性能符合设计要求。

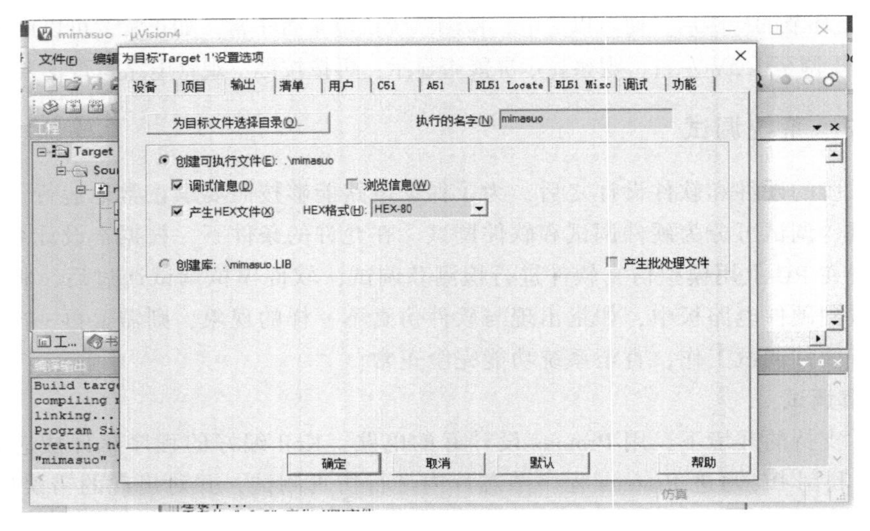

图 3-15　Keil 生成 . hex 文件

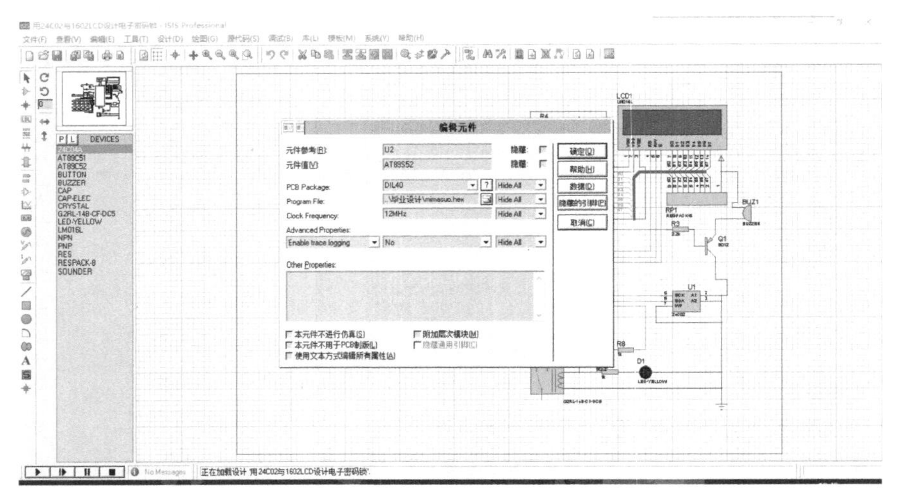

图 3-16　Proteus 调用 Keil 的 . hex 文件进行仿真

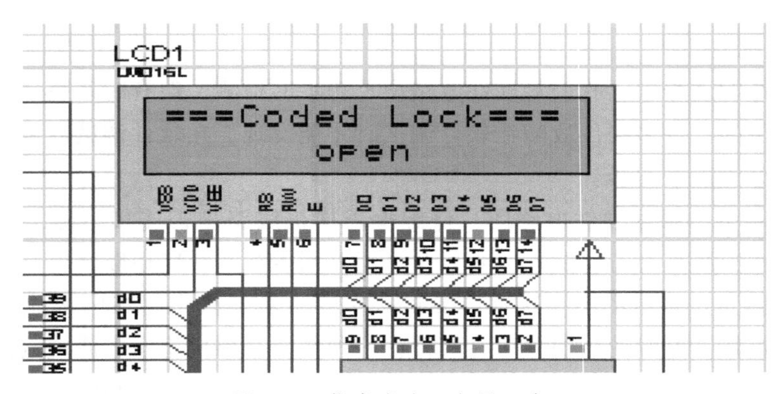

图 3-17　仿真成功（密码正确）

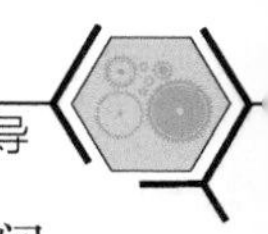

（3）通电检查　在确保电源良好的前提下，接通电源。最好在电源与其余电路之间串接一个电流表。若接通后电流很大，必须立即切断电源。电源大得超出正常范围，说明电路中有短路或故障。通电检查的主要目的是看系统是否存在短路或由元器件损坏、装配错误引起的电流异常。

（4）检查相应芯片的逻辑关系　通电后检查各芯片插座上相关引脚的电位，仔细测量相应的输入、输出电平是否正常。单片机系统大都是数字逻辑电路，可首先使用电平检查法检查逻辑关系是否正确，选用器件和连接关系是否符合要求等。

3.3　正弦信号发生器的设计（案例2）

3.3.1　工艺应用分析

正弦信号发生器大多应用在电子电路设计、自动控制系统和仪表测量校正调试中，属于数字信号发生器。它在实验室和电子工程设计中有着十分重要的作用。

正弦信号主要用于测量电路和系统的频率特性、非线性失真、增益及灵敏度等。

3.3.2　技术要求

1）正弦波输出频率范围：1k～10MHz。

2）具有频率设置功能，频率步进值：100Hz。

3）输出信号频率稳定度：优于 1×10^{-4}。

4）输出电压幅度：在50Ω负载电阻上的电压峰-峰值 $V_{opp}\geqslant1V$。

5）失真度：用示波器观察时无明显失真。

3.3.3　总体设计方案

该系统的设计思想：基于直接数字频率合成技术，以凌阳SPCE061A单片机为控制核心；采用宽带运放AD811和AGC技术使得50Ω负载上的峰值达到6V±1V；由模拟乘法器AD835产生调幅信号；由数控电位器程控调制度；通过单片机改变频率控制字，实现调频信号，最大频偏可控；通过模拟开关产生ASK、PSK信号。

根据技术要求和本系统的设计思想，系统主要模块如图3-18所示。本设计采用方案对比，根据实际条件选择合适的方案。

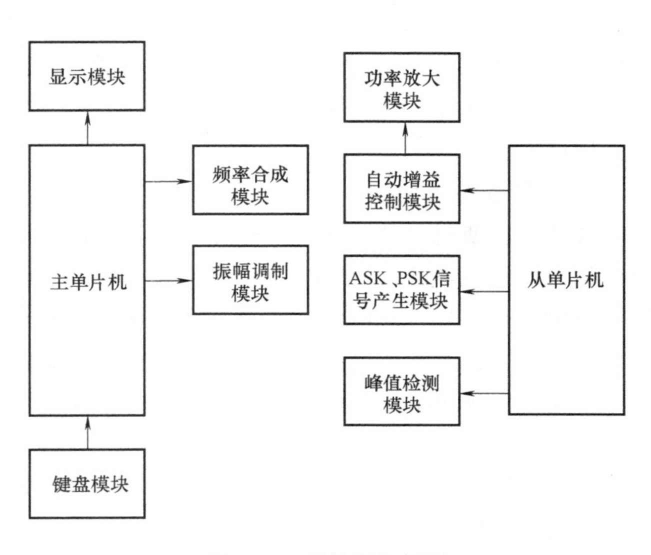

图3-18　系统模块框图

1. 单片机选型

方案一：采用比较通用的 51 系列单片机。 51 系列单片机的发展已经有比较长的时间，应用比较广泛，各种技术都比较成熟，但 51 系列单片机是 8 位机，处理速度不是很快，资源不够充足，而且其最小系统的外围电路都要自己设计和制作，使用起来不是很方便，故不采用。

方案二：选用凌阳 SPCE061A 单片机。 凌阳 SPCE061A 单片机是 16 位的处理器，主频可以达到 49MHz，处理速度很快，再加上具有方便的 ADC 接口，非常适合对高频信号进行数字调频，如果对音频信号进行 A-D 采样，经过数字调频并发射，完全可以达到调频广播的效果。结合技术要求及 SPCE061A 单片机的特点，本系统选用凌阳 SPCE061A 单片机。

2. 频率合成模块设计

方案一：锁相环频率合成。 如图 3-19 所示，锁相环主要由压控振荡器、环路滤波器、鉴相器、晶体振荡器构成，且频率稳定度与晶振的稳定度相同，达 10^{-5}，集成度高，稳定性好；但是锁相环锁定频率较低，且有稳态相位误差，故不采用。

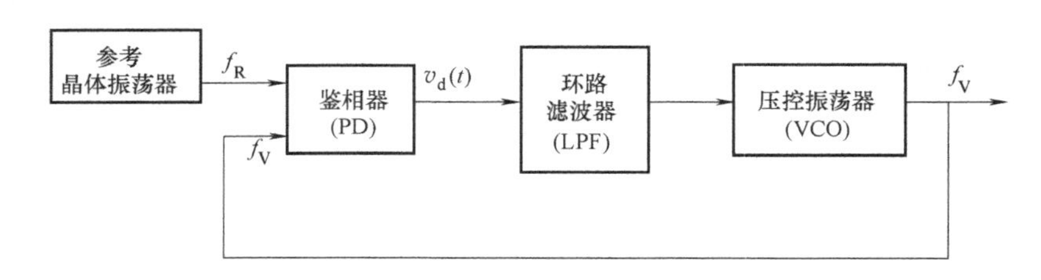

图 3-19　锁相环频率合成的基本原理

方案二：直接数字频率合成。 直接数字频率合成（Direct Digital Frequency Synthesizer，DDFS）基于 Nyquist 定理，将模拟信号采集、量化后存入存储器中，通过寻址查表输出波形数据，再经 D-A 转换、滤波，恢复原波形。DDFS 中大部分部件都属于数字电路，具有集成度高、体积小、功耗低、可靠性高、性价比高、易调试、输出线性调频信号相位连续、频率分辨率高、转换速度快、价格低等优点。其频率稳定度和可靠性优于其他方案，故采用该方案。

3. 峰值检测模块设计

方案一：使用对数放大器 AD8310 测峰-峰值。 AD8310 可以测量输入信号的正有效值，从而得到峰-峰值。AD8310 为最高解调频率为 440MHz 的高速对数放大器，频带很宽；输出的是信号有效值的对数。虽然可测量的范围很宽，但信号的幅度变化较小时，其输出几乎不变，不利于后面的自动增益控制，故不采用。

方案二：采用二极管包络测峰法。 利用二极管波形幅度检测的方法，得到信号的正峰值。此法检测的信号范围较小，但精度较高，对后面使用自动增益控制稳定幅度有重大意义。因此采用此方案。利用检波二极管 1N60 对输入信号进行检测，得到与信号峰值成比例关系的直流信号，再经运放调整比例系数调整，以便于单片机采样。二极管包络测峰法检测正峰值幅度的电路原理图如图 3-20 所示。

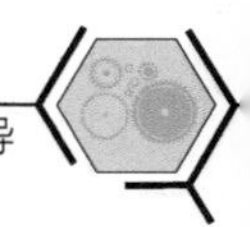

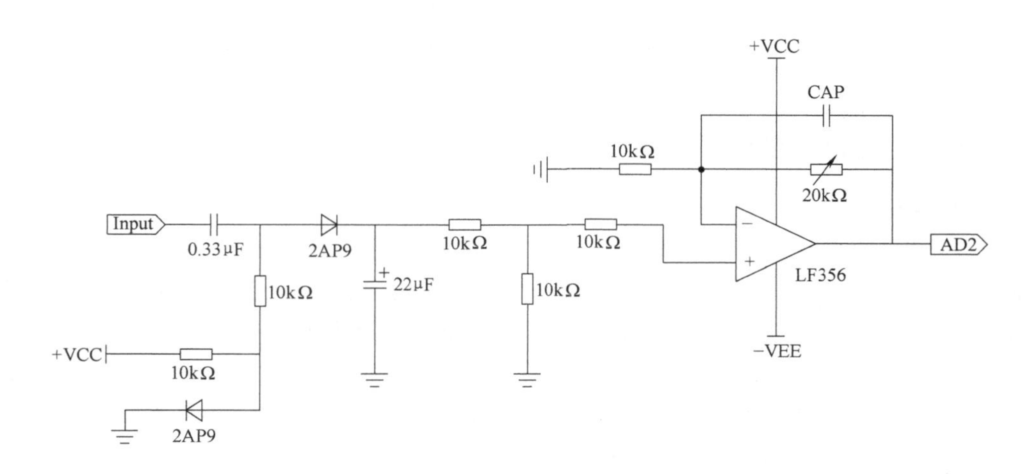

图 3-20 正峰值幅度检测电路图

4. 自动增益控制模块设计

方案一：DAC 控制增益。如图 3-21 所示，输入信号放大后作为基准电压输送给 DAC 的 Vref 脚，相当于一个程控衰减器。再进行一级放大，这两级放大可实现要求的放大倍数。输出接到有效峰值检测电路上，反馈给单片机。单片机根据反馈调节衰减器，实现自动电平控制（AGC）。还可通过输入模块预置增益值，控制 DAC 的输出，实现程控增益，但增益动态范围有限，故不采用。

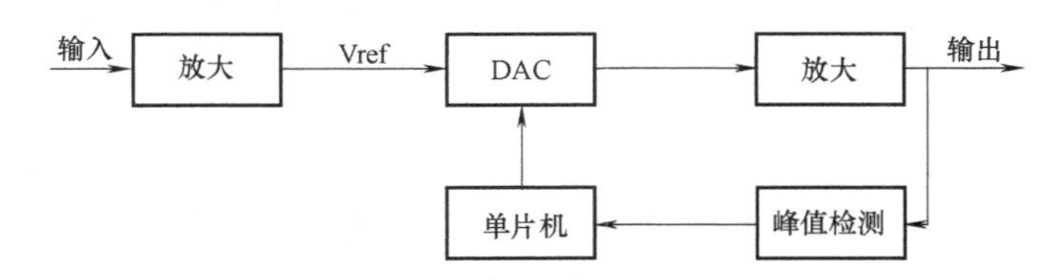

图 3-21 自动增益控制模块方案一

方案二：电压控制增益。如图 3-22 所示，信号经缓冲器进入可编程增益放大器（PGA）AD603，放大后进入有效值检测环节。得出的有效值采样后输入单片机，再由 DAC 输出给 AD603 控制放大倍数，实现自动增益控制。同时可通过输入模块设置增益值，控制 DAC 的输出，实现程控增益放大，因此采用此方案。

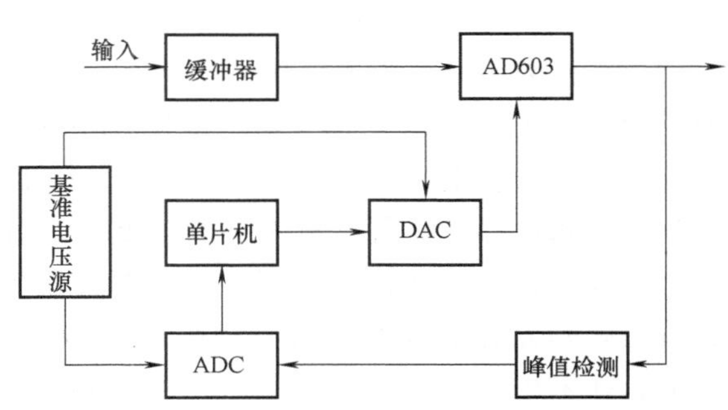

图 3-22 自动增益控制模块方案二

5. 显示模块设计

方案一：采用 8 位 LED 配以驱动器 MAX7219 显示。该方案控制简单、调试方便，且串行显示占用 I/O 口少；但只能显示 ASCII 码，故不采用。

方案二：采用 128×64 点阵型 LCD SVM12864 显示。该方案虽然占用 I/O

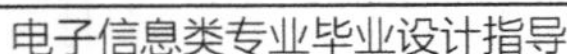

口多、控制复杂，但功能强大，可以显示汉字及简单图形，可设计出清晰的菜单，提供全面的信息。还具有功耗低，界面友好，控制灵活，使系统智能化、人性化等优点，因此采用该方案。

3.3.4 软硬件设计

1. 硬件设计

本设计中硬件电路的设计思路为：SPCE061A 单片机从键盘获得输入信息，控制 DDFS 芯片 AD9851，产生预置频率和相位的正弦信号；经低通滤波器滤除谐波分量及杂散信号后得到较纯的正弦波，自动增益控制模块及功率放大模块使输出信号峰-峰值稳定在 6V±1V 范围内。PSK、ASK 信号产生模块用简单的模拟电路搭建。以上系统的基本结构，配以 4×4 键盘、128×64 点阵型 LCD SVM12864 构成人机界面。硬件系统结构框图如图 3-23 所示，硬件系统连接图如图 3-24 所示。

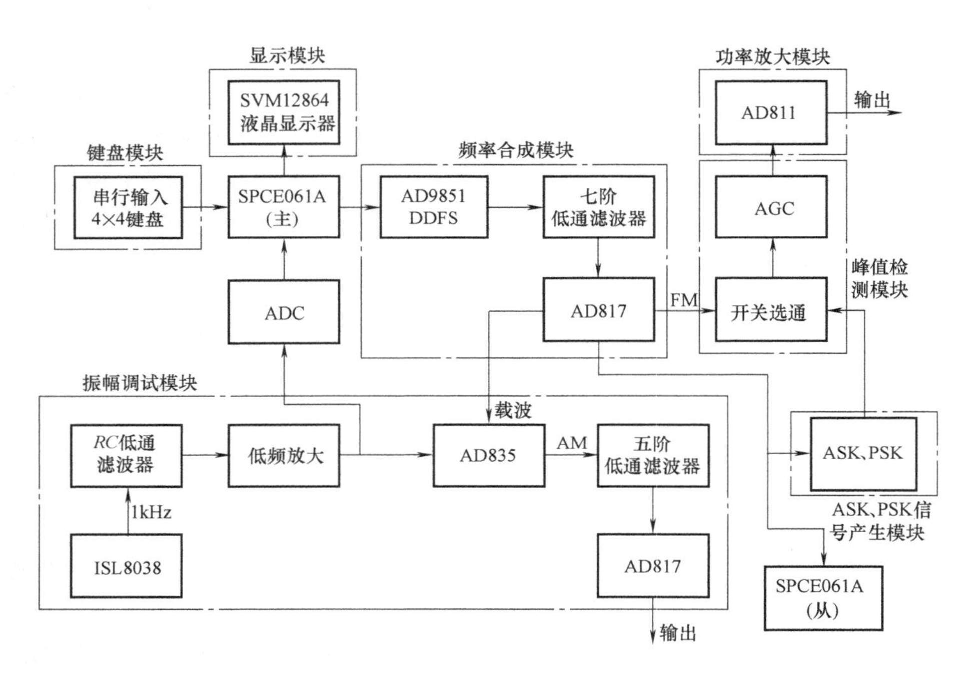

图 3-23 硬件系统结构框图

（1）直接数字频率合成模块　AD9851 是 ADI 公司采用先进的 DDS 技术推出的高集成度 DDS 频率合成器，其内部包括可编程 DDS 系统、高性能 DAC 及高速比较器，能实现全数字编程控制的频率合成器和时钟发生器。接上精密时钟源，AD9851 可产生一个频谱纯净、频率和相位都可编程控制的模拟正弦波输出。AD9851 接口功能控制简单，可以用 8 位并行口或串行口直接输入频率、相位等控制数据。32 位频率控制字，在 180MHz 时钟下，输出频率分辨率达 0.0372Hz。先进的 CMOS 工艺使 AD9851 不仅性能指标一流，而且功耗低，在采用 3.3V 供电时，功耗仅为 155mW。

本系统通过单片机控制 AD9851 频率控制字实现频率合成，经低通滤波器滤除噪声和

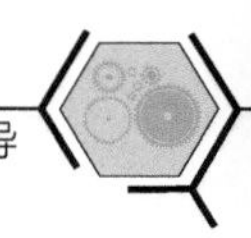

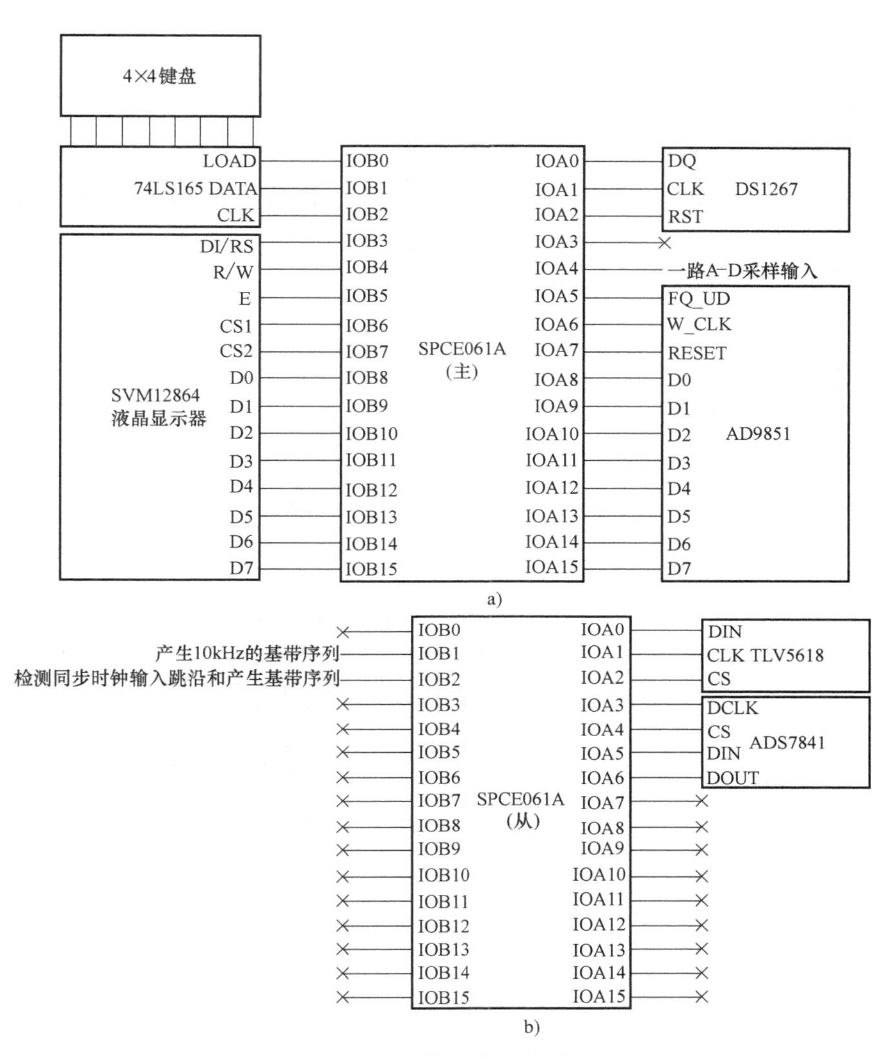

图 3-24 硬件系统连接图

杂散信号就可得到比较纯正的正弦信号。同时，调制正弦波信号通过单片机 A-D 采样后，并行输入改变 DDS 芯片频率控制字，就可实现调频，基本不需要外围电路，且最大频偏可由软件任意改变。

AD9851 及滤波器电路连接图如图 3-25 所示，此时输出的正弦波幅值较低，约为几百毫伏，且低频和高频时幅值有较大差异，若直接输入到后面的功率放大电路，则可能因为放大倍数较高而无法满足 50Ω 负载上峰-峰值 V_{opp} 为 6V±1V，故在功率放大前接一级自动增益控制电路（AGC），使低频和高频信号均能放大到基本相同的幅值，再输入功放部分。

（2）自动增益控制模块　由 ADS7841（ADC）将检测峰-峰值得到的直流电平转换为数字信号，输入单片机；TLV5618（DAC）将单片机输出的数字信号转换为直流电平，自动控制可控增益放大器 AD603 的增益。ADS7841 与 AD603 电路如图 3-26、图 3-27 所示。

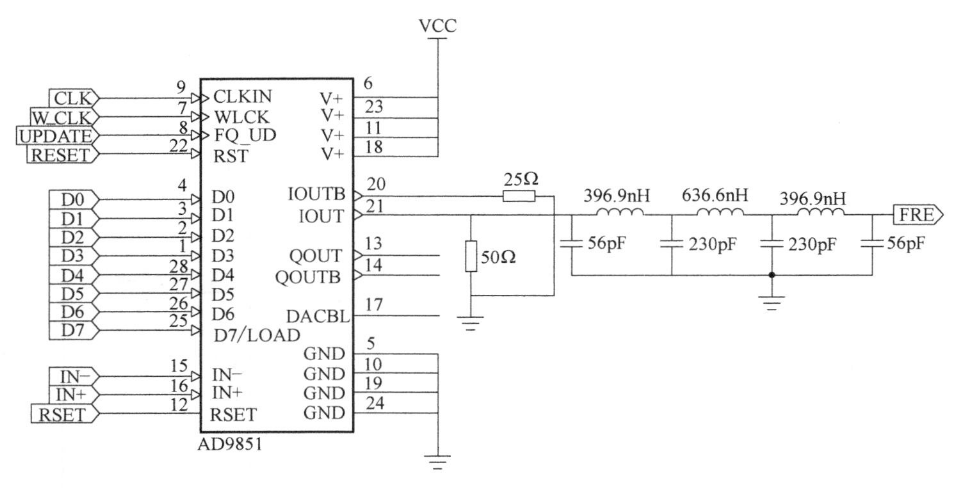

图 3-25　AD9851 及滤波器电路

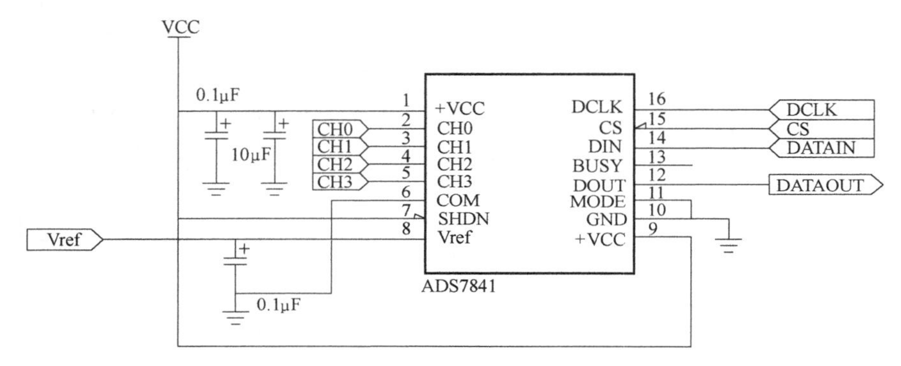

图 3-26　ADS7841 电路

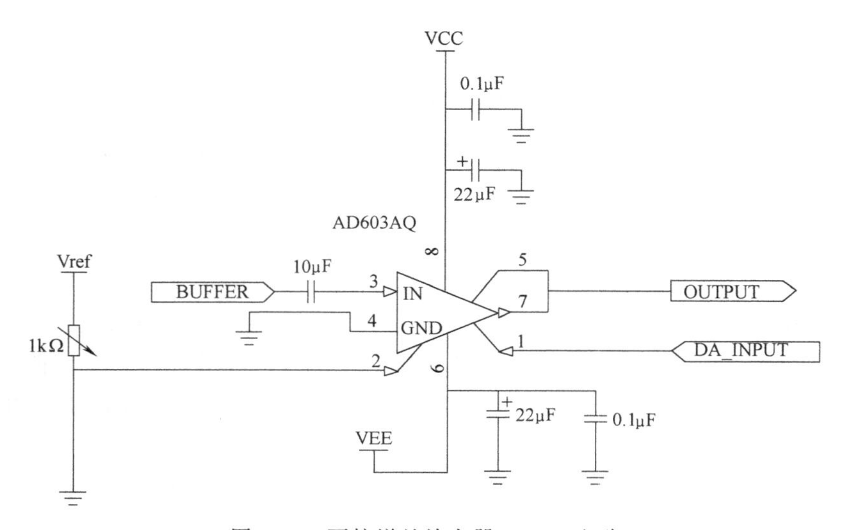

图 3-27　可控增益放大器 AD603 电路

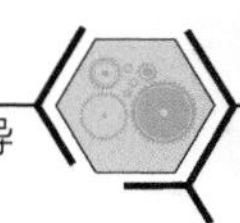

（3）振幅调制模块　振幅调制部分主要采用模拟乘法器集成芯片 AD835，AD835 是 ADI 公司推出的宽带、高速、电压输出四象限模拟乘法器；最高工作频率为 250MHz，线性好，调幅对称性好；且为电压输出，外围电路非常简单，可靠性高。由制作结果可看出其调制特性良好，通过数控电位器程控调节输入到 AD835 第 8 脚的调制信号的幅值可改变调制度，实现 10%步进，AD835 振幅调制电路如图 3-28 所示。

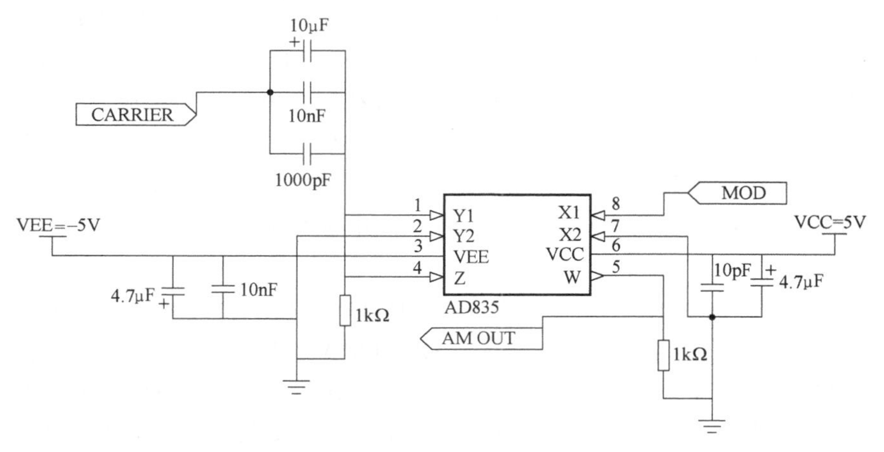

图 3-28　AD835 振幅调制电路

（4）功率放大模块　功率放大部分选择集成宽带高性能运放 AD811。AD811 为电流反馈型宽带运放，其单位增益带宽很宽，在±15V 供电、增益为+10 的情况下，−3dB 带宽达 100MHz，非常适合本系统的宽带放大要求，且输出电流可达 100mA，完全可满足峰-峰值要求，外围电路也很简单，避免了采用晶体管放大电路容易出现的调试困难情况，可靠性大大提高。AD811 功率放大电路如图 3-29 所示，实际制作中应注意电路中各电阻、电容应紧密靠近 AD811 的相应引脚，去耦电容必不可少，各电阻、电容也最好选用贴片封装的，焊接线应尽可能短，避免分布电容电感而引起高频自激。

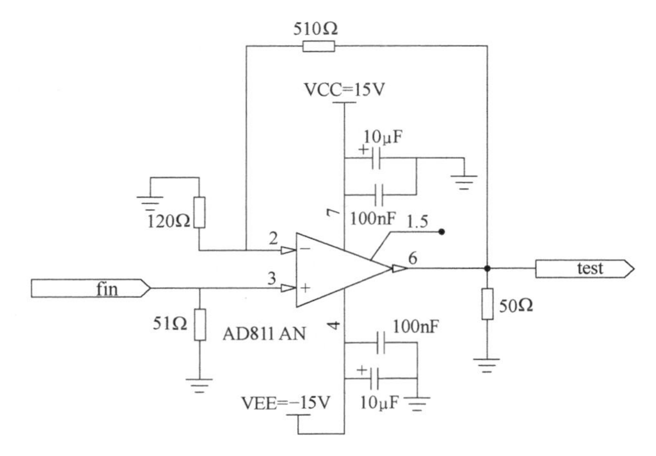

图 3-29　AD811 功率放大电路

（5）ASK、PSK 信号产生模块　由 MAX900 将 100kHz 正弦载波转换为方波后，经

74LS90 分频，得到单片机发送二进制调制码序列的同步时钟，以减小 ASK、PSK 的相位噪声。一路载波供模拟开关作 ASK 信号及同相 PSK 信号，另一路载波经运放反向后供模拟开关作反相 PSK 信号。模拟开关控制端接至调制序列输入，即可实现 ASK、PSK 信号的产生。

（6）键盘及显示模块　128×64 点阵型 LCD SVM12864 显示模块是一款功能完备的点阵型液晶显示模块，内置控制器、扫描电路和 1kB 的显存，具有 8 位标准数据总线、5 条控制线及电源线。视域尺寸：128×64 点阵，56.27mm×38.35mm，满屏可显示 32 个 16×16 点阵的汉字。此液晶显示模块功能强大，与单片机配合可作为各种应用系统的显示屏，可以显示频率、状态信息等，提供了一个友好的用户界面，使得设计更加简洁直观，更趋智能化、人性化。键盘采用普通的 4×4 键盘，本设计中通过 74LS165 并转串模块把 4×4 键盘行信号和列信号的并行信号转换成串行信号，并输入到单片机中。

2. 软件设计

软件设计是使 SPCE061A 主单片机完成对 AD9851 的控制和人机交互控制。40 位数据分五次发送，系统通过键盘控制信息输入，SPCE061A 获取键盘信号后，根据不同的状态，按照程序流程图对系统进行控制，以达到系统设计要求。修改 AD9851 的频率控制字有并行和串行两种方式，由于系统由软件调频，要求频率变化的控制迅速，故采用并行方式控制 AD9851，提高速度，实现较好的调频效果，其主程序流程图如图 3-30 所示。

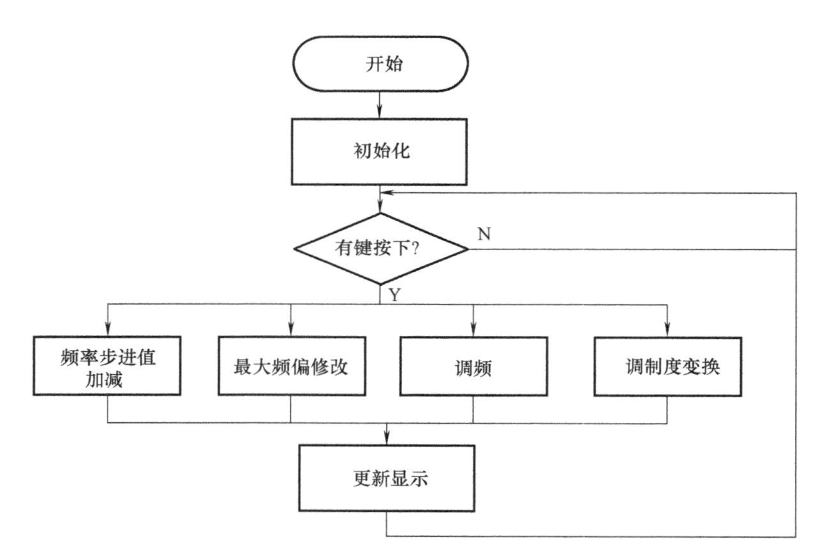

图 3-30　主单片机主程序流程图

SPCE061A 从单片机主要进行自动增益控制，其主程序流程和中断服务程序流程分别如图 3-31 和图 3-32 所示。

3. 系统测试

（1）测试说明　调试与测试所用仪器：

1）FLUKE 17B Digital Multimeter 数字万用表。

2）TDS1002 数字示波器。

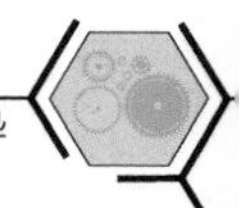

3）YB1620P 函数信号发射器/计数器。

（2）测试方法

1）模块测试。将系统的各模块分开测试，调通后再进行整机调试，提高调试效率。

2）系统整体测试。将硬件模块和相应的软件进行系统整体测试。依据设计要求，分别对输出波形、输出电压峰-峰值、输出频率和功率放大器进行输出测试。测试输出电压的峰-峰值时，对放大电路和 AGC 电路参数进行适当调整，使输出频率在 100～12MHz 之间变化时能够满足 $V_{opp}=6V\pm1V$。

（3）测试数据

1）基本要求测试。测试正弦波频率范围。接 50Ω 负载，对输出电压进行测试，测试数据见表 3-3。

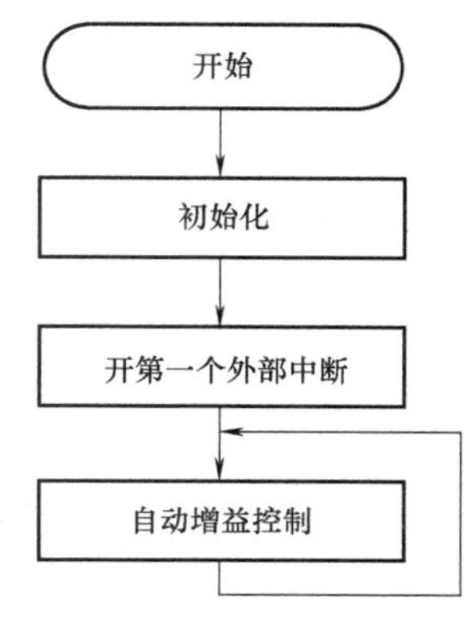

图 3-31　从单片机主程序流程图

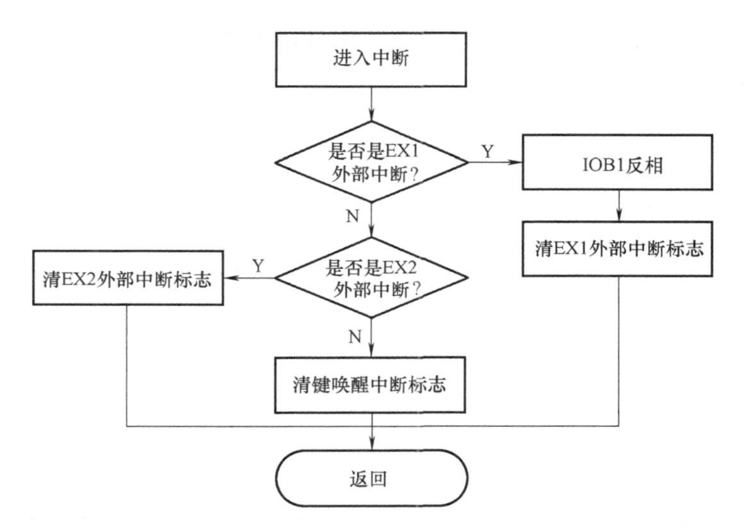

图 3-32　从单片机中断（IRQ3）服务程序流程图

表 3-3　输出电压测试数据

设置频率/Hz	实测频率/Hz	V_{opp}/V
100	100.3	6.48
1k	999.98	6.12
10k	10000.1	6.12
100k	100k	6.2
1M	1.0002M	6.68
10M	10.0003M	5.3
13M	13.0005M	5.2

测试频率稳定度。接 50Ω 负载，采用频率计对输出正弦波进行计数，测试数据见表

3-4。

表 3-4 输出正弦波测试数据

设置频率/Hz	第一次计数数值/Hz	第二次计数数值/Hz	第三次计数数值/Hz
10	10	10.2	10.1
100	100.1	100.1	100.0
1k	1.0001k	999.98	999.98
10k	10.0000k	10.0001k	10.0001k
100k	100.0000k	100.0000k	100.0000k
1M	1.0001M	1.0001M	1.0001M
5M	5.00005M	5.00004M	5.00004M
10M	10.00002M	10.00002M	10.00001M

2）发挥部分测试。采用调制度测量仪对输出信号进行调制度测试，测试结果见表3-5。

表 3-5 调制度测试结果数据

调制信号频率/Hz	载波频率/Hz	设置调制度ma/%	实测调制度ma/%	误差(%)
1k	2M	10	9.7	3
		100	98	2
	5M	10	9.8	2
		100	99	1
	10M	10	9.8	2
		100	100	0

(4) 测试结果分析　系统测试指标均达到要求，部分指标超过系统要求：

正弦波输出频率：100~12MHz。

输出信号频率稳定度优于 10^{-4}，达到 10^{-5}；自行产生 1kHz 正弦调制信号；产生 AM 信号在 1M~10MHz 内，调制度 ma 可在 10%~100%程控，步进量 10%；产生 FM 信号在 100k~10MHz 内，最大频偏可达 5kHz/10kHz/20kHz 程控。

存在误差为人为误差、硬件误差、测量仪器误差、杂散引入误差。减小误差可从改变电路、提高仪器精度、减弱外界干扰和多次测量取平均值等方面入手。

3.4 远程监测控制系统的设计与制作（案例 3）

3.4.1 控制需求分析

随着互联网技术的发展，家用电器远程监测控制系统成为智能家居的重要组成部分。智能家居是利用计算机或手机、网络和综合布线技术，通过一个控制终端把各个子系统连接在一起的。而远程监测控制系统刚好符合智能家居的特点，因此研究远程监测控制系统

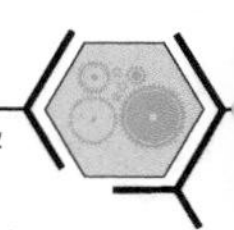

有很大的前景和意义。这其中涉及如何控制电器的开关、开关时间及温度控制等诸多问题，如何快捷、可靠、简单地去控制，成为人们研究的重点。

3.4.2　技术要求

1）用单片机对环境温度进行测量，并将温度信息通过 Wi-Fi 上传至服务器。

2）按键控制继电器开关。

3）可以通过远程端实时查看温度信息。

4）选择下列手段，如 APP、微信、网页等，实现对设备端的远程控制。

5）使用 LCD12864 显示系统相关信息，用于人机交互（时间、日期、温度、继电器状态）。

6）电器远程监测控制系统的单片机 STC15F2K60S2 使用 Keil5 进行程序编写，ESP8266 模块使用 Arduino 编程，整个系统的电路设计和 PCB 布局采用 Altium Designer2016。

3.4.3　硬件设计

本系统硬件设计的整体思路：以 STC15F2k60S2 单片机作为主控电路；用 DS18B20 进行温度检测；LCD12864 进行人机交互，显示系统温度、时间等各项系统数据；ESP8266Wi-Fi 模块作为与外界数据交互的核心，通过 Wi-Fi 连接方案实现各子系统的灵活组网，将数据上传至云端服务器；以手机作为远程控制端对设备进行实时控制与监测。硬件系统结构框图如图 3-33 所示。

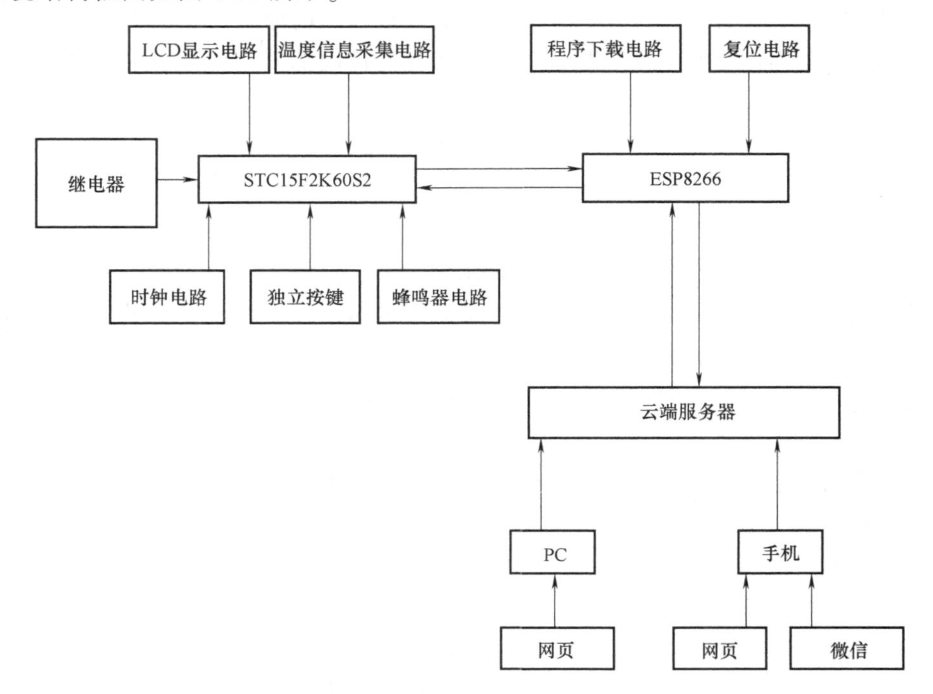

图 3-33　远程监测控制系统结构框图

该系统主要硬件包括温度传感器、单片机、Wi-Fi 模块、显示模块、继电器模块、按键电路、云端服务器等；辅助元件包括电阻、晶振、电源、按键等。

1. 模块选择

(1) 控制模块的选择　在本系统中采用 15 系列单片机作为控制核心，ESP8266 作为 Wi-Fi 模块进行远程通信，通过软件编程的方法在其 I/O 口输出控制信号。

通信采用 ESP8266 模块控制，它内置超低功耗的 Tensilica L106 32 位 RISC 处理器，CPU 时钟速度最高可达 160MHz，支持实时操作系统（RTOS）和 Wi-Fi 协议栈，可将高达 80%的处理能力留给应用编程和开发。

(2) 温度传感器的选择

方案一：使用数字式的集成温度传感器 DS18B20 作为温度检测的核心元件，由其检测并直接输出数字信号给单片机进行处理。

方案二：使用热敏电阻作为温度检测的核心元件，并通过运算放大器放大。热敏电阻会随温度变化而变化，进而产生输出微弱的电压变化信号，再经单片机自带的高分辨率 ADC 将电压变化信号转换为数字信号。

方案二采用热敏电阻作为温度检测元件，具有价格便宜、元件容易购买的优点。但是热敏电阻对温度的细微变化不太敏感，在信号采集、放大以及转换的过程中还会产生失真和误差；并且由于热敏电阻 *R-T* 关系的非线性，其自身对温度的变化的感应存在较大的误差，虽然可以通过一定电路来修正，但这不仅将使电路变得更加复杂，而且在人体所处环境的温度变化过程中难以检测到小的温度变化。故该方案不适合本系统。

方案一中数字式集成温度传感器 DS18B20 的高度集成化，大大降低了外界放大转换等电路的误差因数，温度误差变得很小；并且其温度检测的原理与热敏电阻的检测原理有着本质的不同，其温度变化分辨力极高。温度值在器件内部转化成数字量直接输出，简化了系统程序的设计，又由于该温度传感器采用先进的单总线技术，与单片机的接口变得非常简洁，抗干扰能力强，因此该方案适用于本系统。

(3) 显示模块的选择

方案一：采用 LCD1602 液晶显示屏显示。

方案二：采用 LCD12864 液晶显示屏显示。

方案一的成本很低，外围电路简单，但是只能显示字符，不能显示汉字，所以对显示内容有一定的限制，影响人机交互体验。

方案二中液晶显示屏 LCD 12864 分辨率为 128×64，屏幕大，自带字库，不需要额外的复杂编程，并且提供图形显示模式和字符显示模式，可以显示复杂图形和 UI 界面；但是刷新速率比较慢，不过从性能角度来说，很适合作为本系统的显示模块来使用。

(4) 继电器控制模块的选择

方案一：采用固态继电器。

方案二：采用电磁继电器。

电磁继电器与固态继电器有千秋，后者的优点是工作可靠、无触点、无火花、寿命长、无噪声、无电磁干扰、开关速度快，但是价格高。本系统使用电磁继电器完全可以满足其性能要求，所以从成本角度考虑，选用电磁继电器。

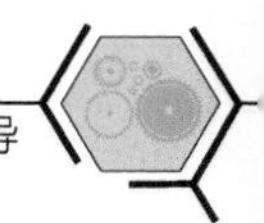

（5）Wi-Fi 模块的选择

本系统在通信上采用 Wi-Fi 连接，选择的是 ESP8266 高性能 Wi-Fi 模块，该模块集成了 32 位 Tensilica 处理器、标准数字外设接口、天线开关、射频 Balun、功率放大器、低噪放大器、过滤器和电源管理模块等，仅需很少的外围电路，可将所占 PCB 空间比例降低；ESP8266EX 的省电模式适用于各种低功耗应用场景；工作温度范围大，且能够保持稳定的性能，能适应各种操作环境，支持二次开发，而且价格便宜，所以很适合本作品。

（6）Wi-Fi 模块与单片机通信方式的选择

方案一：串口通信。

方案二：SPI 通信。

ESP8266 自带串口通信功能，只需要简单配置就可以使用，SPI 通信可以通过外部 I/O 模拟出通信时序，数据传输速率较高，但是 I/O 口模拟通信协议程序相对串口通常更为复杂，SPI 通信需要最少 3 根线，二串口通信只需要两根，综上所述选择串口通信。

（7）Wi-Fi 配网方式的选择

方案一：智能配网（Smart-Config/Smart-Lin）与微信 Airkiss 配网。

方案二：WBE 网页配网。

智能配网一般需要在发送 SSID 和密码的设备（例如手机）上安装一个 APP，该 APP 实现和 Wi-Fi 模块之间的协议交互（发送 SSID 和密码）。

微信 Airkiss（扫一扫）是微信提供的一种智能配网方式，随着微信的广泛使用而得到普及。和其他普通的智能配网方式比较，不需要单独安装 APP。但是它需要连接微信服务器（在后台下载一个小应用），且其不能提供 SSID 和密码，只能使用微信设备当前所连接的路由器的 SSID 和密码，不需要额外的 APP，操作简单。而网页配网方式，需要在 AC 端搭建一个网页服务器，操作比较复杂，需要手动输入 Wi-Fi 的密码和账户名。因此本系统选择方案一。

（8）云端服务平台的选择　目前市面上主要的云服务平台有阿里云、百度云、机智云，虽然这些服务平台提供了很全面的接口，但是接入平台前需要很多烦琐的配置以及相关权限的申请，所以本系统选择的是一个名为“未来之家”的服务器，它同样提供了基本的物联网操作协议，支持远程 APP 和微信访问，使用时只需要根据协议向服务器发送相关数据即可，单片机编程方式简单。

（9）远程控制软件的选择　本系统远程控制软件可以是服务器提供的 APP，也可以通过微信语音控制，不管在手机远程端还是 PC 端，都可以通过网页访问服务器来控制。

2. 硬件系统设计

（1）单片机最小系统电路　STC15F2K60S2 主控制最小系统电路如图 3-34 所示。

（2）单片机供电电路设计　由于 ESP8266 工作电压为 3.3V，但是系统供电电压为 5V，所以采用 AMS1117 进行稳压，在模块的输入、输出端加装滤波电容，为系统稳定供电，如图 3-35 所示。

AMS1117 可以把基准电压调整到 1.5%的误差以内，而且电流限制也得到了调整，以尽量减少稳压器和电源电路超载造成的压力。

AMS1117 有两个版本：固定输出版本和可调版本，可调输出电压为 1.5V、1.8V、

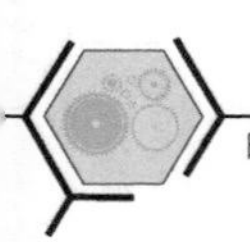

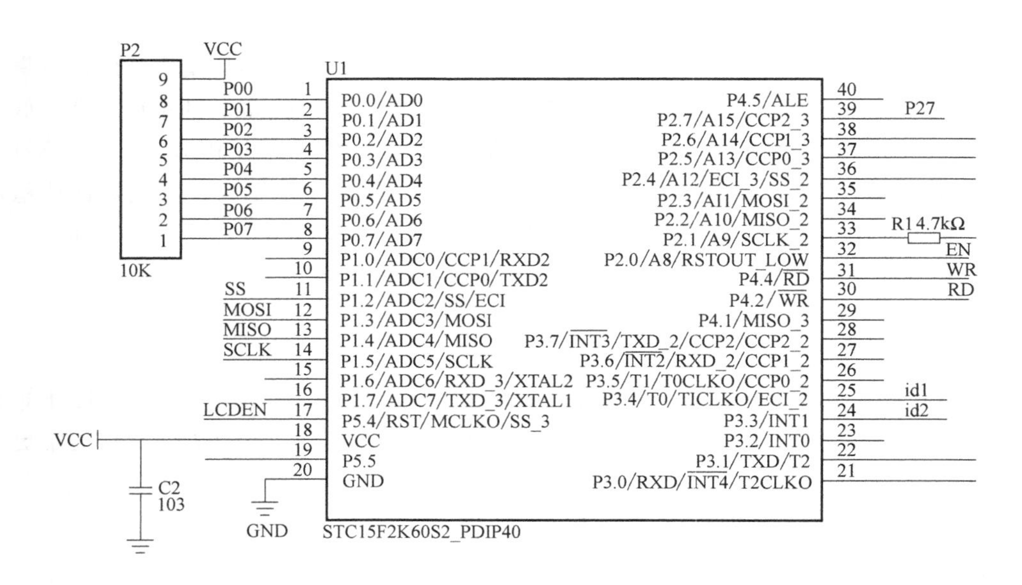

图 3-34　单片机最小系统电路

2.5V、2.85V、3.0V、3.3V、5.0V，具有 1%的精度；固定输出电压为 1.2V，精度为 2%。

（3）按键电路设计　键盘包括 4 个独立按键，3 个按键分别与单片机的 P3.5、P3.6、P3.7 相连，另一个接地，按下任一键时，P3 口读取低电平有效。系统上电后，进入键盘扫描子程序，以查询的方式确定各按键值，按键电路如图 3-36 所示。

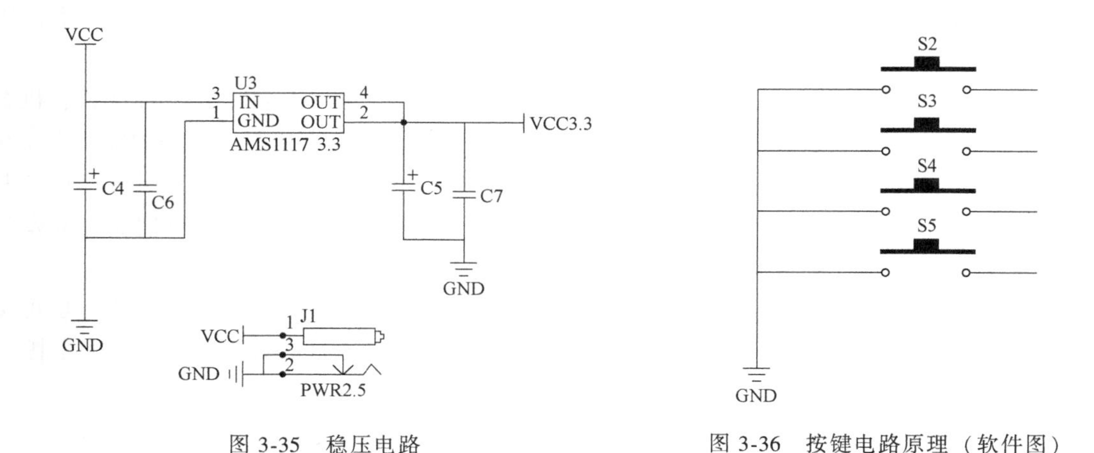

图 3-35　稳压电路　　　　图 3-36　按键电路原理（软件图）

（4）LCD12864 显示模块电路设计　液晶显示器（LCD）是一种功耗很低的显示器，它的使用非常广泛，比如电子表、计算器、数码相机、计算机和液晶电视等显示器。电子密码锁中需要显示的信息比较多，为了能直观地看到结果，并且为了使设计显得美观，使用总线和排阻进行简化连接方式，本系统采用液晶显示屏 LCD12864 进行显示，具体电路

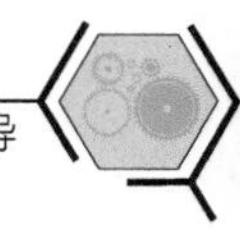

设计如图 3-37 所示。

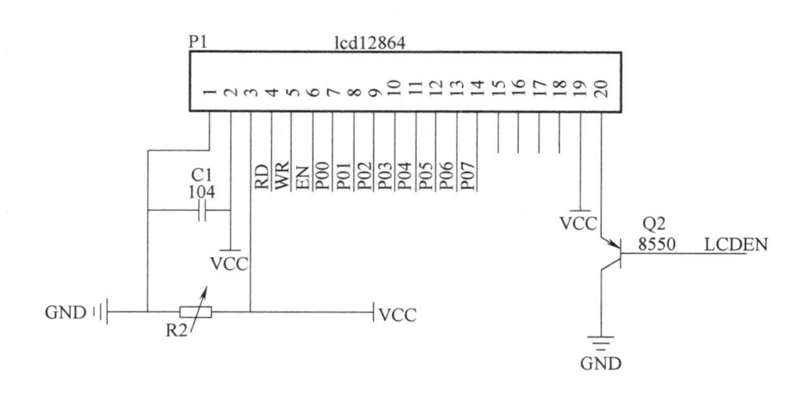

图 3-37 显示电路

（5）温度检测电路设计 在使用 DS18B20 时，一般都采用单片机来实现数据采集。只需将 DS18B20 信号线与单片机 1 位 I/O 线相连，且单片机的 1 位 I/O 线挂接多个 DS18B20，就可实现单点或多点温度检测。在本系统中，将 DS18B20 接在 P27 口实现温度的采集。其与单片机的连接电路如图 3-38 所示。

3.4.4 软件设计

1. 主程序流程图

程序部分主要包括主程序、DS18B20 初始化函数、DS18B20 温度转换函数、温度读取函数、按键扫描函数、GUI 显示函数、温度处理函数。DS18B20 初始化函数用来完成对 DS18B20 的初始化；DS18B20 温度转换函数用来完成对环境温度信号的实时采集；温度读取函数用来完成主机对温度传感器数据的读取及数据换算，按键扫描函数则用来根据需要完成初值的加减设定，主程序流程图如图 3-39 所示。

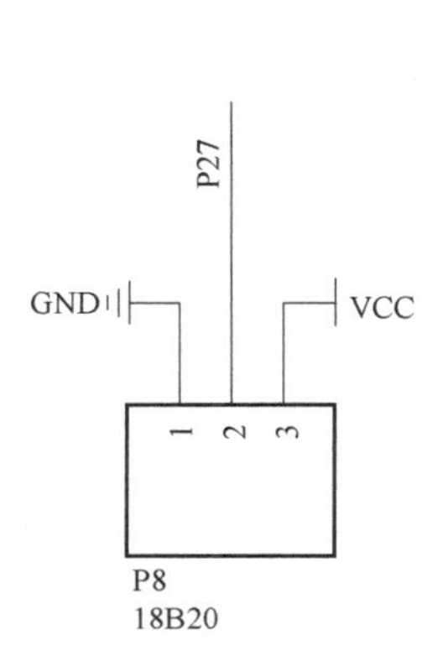

图 3-38 温度检测电路

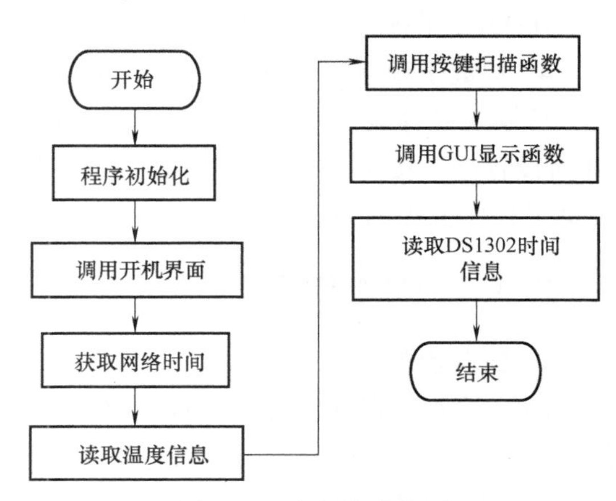

图 3-39 主程序流程图

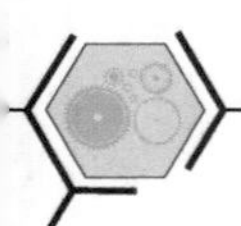

2. DS18B20 子程序流程图

首先对 DS18B20 初始化，再执行 ROM 操作命令，最后才能对存储器进行数据操作。DS18B20 的每一步操作都要遵循严格的工作时序和通信协议。如主机控制 DS18B20 完成温度信号转换这一过程，根据 DS18B20 的通信协议，须经过三个步骤，每一次读写之前都要对 DS18B20 进行复位，复位成功后发送一条 ROM 指令，最后发送 RAM 指令，这样才能对 DS18B20 进行预定的操作。DS18B20 子程序流程图如图 3-40所示。

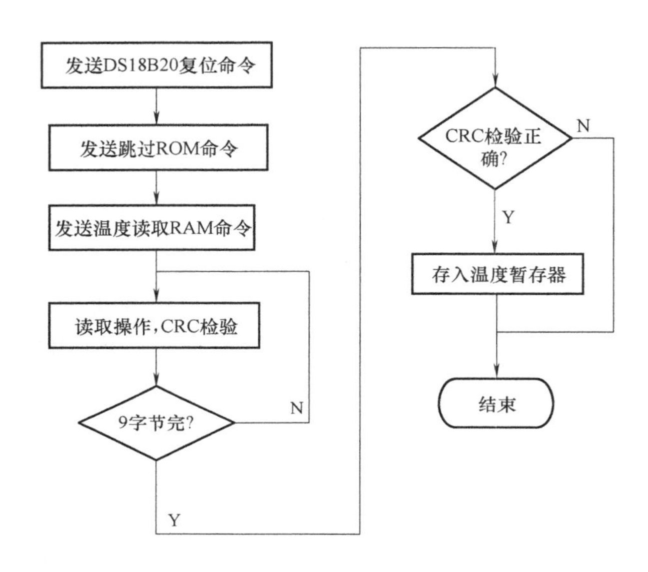

图 3-40　DS18B20 子程序流程图

3. DS1302 子程序流程图

DS1302 子程序流程图如图 3-41 所示。

4. 按键子程序流程图

该系统硬件设计中采用 4 个按键，由按键扫描子程序 KEYSCAN 提供软件支持。按键 S0 为设置键，按键 S2 为功能设置加键，按键 S3 为功能设置减键，按键 S4 为退出按键。按键子程序流程图如图 3-42 所示。

3.4.5　制作与调试

1. 安装步骤

（1）检查元器件的好坏　按电路图备好元器件后首先检查元器件的好坏，按各元器件的检测方法分别进行检测，而且要认真核对与电路图是否一致，在检查好后才可上件、焊件，防止出现错误焊件后不便改正的现象。

（2）放置、焊接各元器件　按原 PCB 布局图放置各元器件，要先放置并焊接较低的

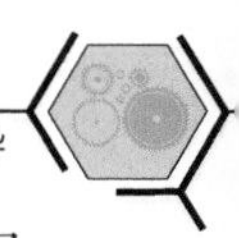

元器件，后焊接位置较高的和要求较高的元器件。特别是容易损坏的元器件要后焊，在焊接集成芯片时注意连续焊接时间不要超过 10s，并注意芯片的安装方向，焊接好后将各个部分组装在一起，安装图如图 3-43a~d 所示。

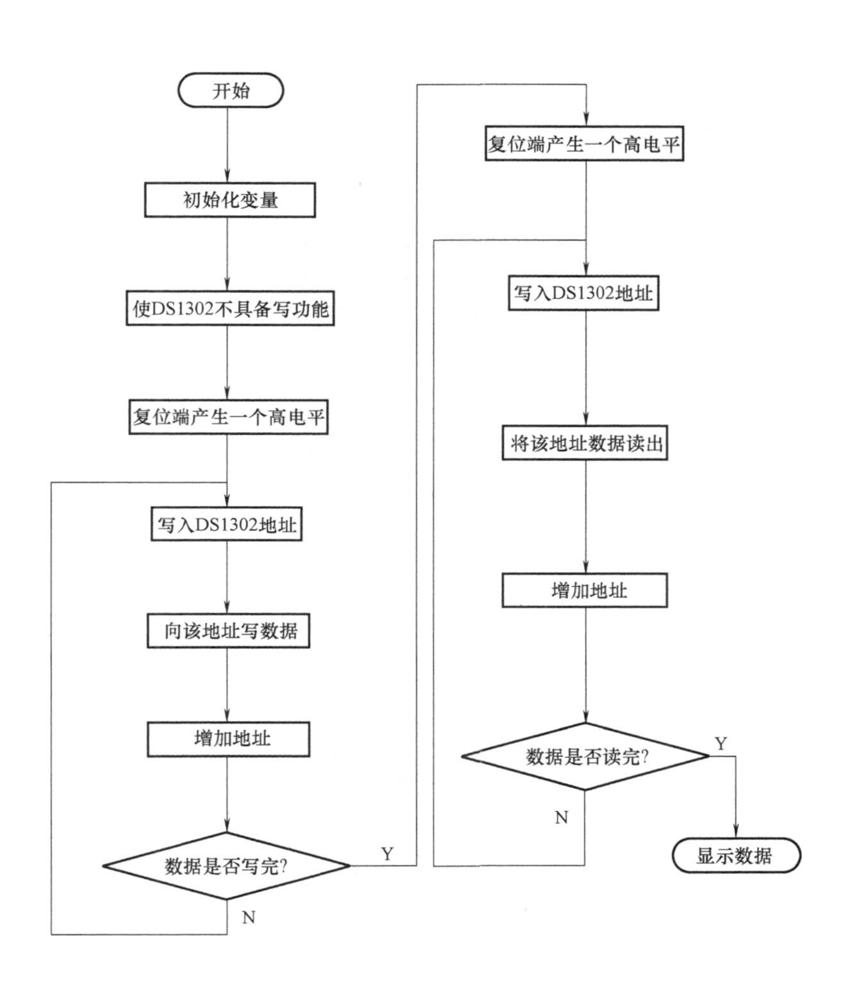

图 3-41　DS1302 子程序流程图

2. 产品调试

（1）按键功能调试　系统按键部分需实现以下功能：长按下 P4. 1 脚按键，LCD 显示设置界面，并且显示设置选项菜单；此时按下 P3. 6 和 P3. 7 脚按键，即可选择键入哪一项设置界面；按下 P3. 5 脚按键，退出系统设置模式。

调试过程中可能会出现按键时间过长时，按键不灵敏，长按按键无效，或者按键功能与实际不相符的情况。出现这些情况的主要原因可能是按键的去抖延时时间过长，改进方法是将对应的按键去抖延时时间适量增加，但也不应过长，否则将出现按键无效的情形；按键功能不相符可能是程序按键对应的 I/O 口选择错误，应重新核查。

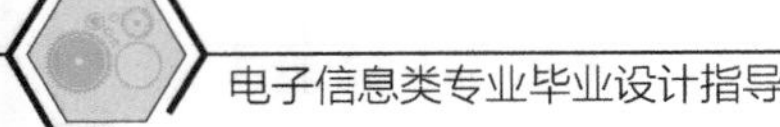

(2) ESP8266 通信调试　通过串口调试工具，连接 ESP8266 的串口，并且设置“波特率”为“115200”，通过串口调试助手向 ESP8266 发送规定的协议数据，观察串口调试助手接收到的数据是不是程序中定义的协议，如果收到的数据和程序原先定义的协议有误差，可能是程序定时器设置的错误，会导致通信波特率不准确而出现丢包。

图 3-44 所示为用串口调试助手获取 ESP8266 工作状态协议的示例，用来观察 ESP8266 通信是否正常。

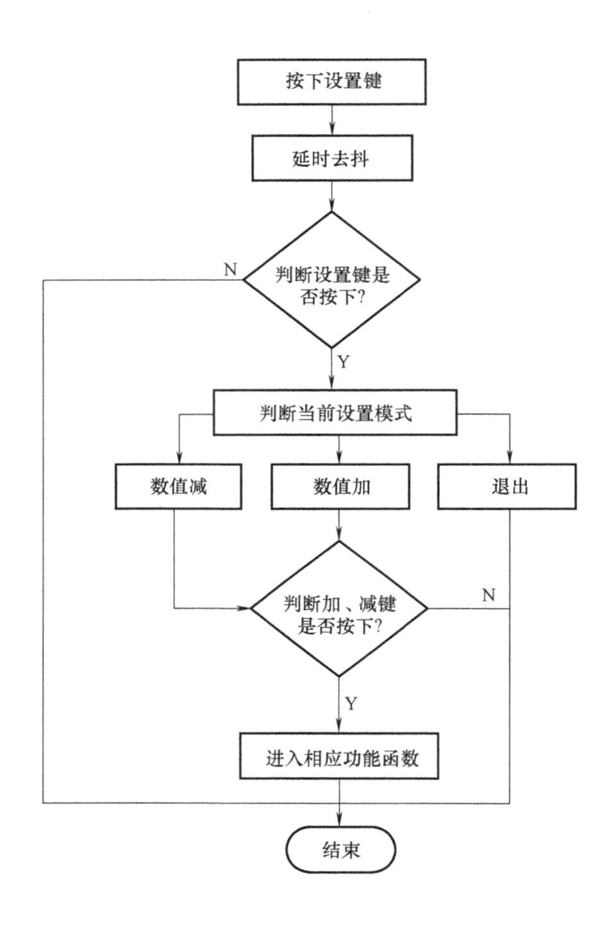

图 3-42　按键子程序流程图

(3) 远程控制继电器功能调试　继电器可以通过系统按键或者远程指令来控制开关。调试该部分功能，首先用万用表测量继电器模块的工作电压，然后用导线将继电器的控制端接地，如果继电器吸合，说明硬件工作正常。在网页端对继电器控制指令进行设置，如图 3-45 所示；然后打开手机 APP，发送相应的指令，观察继电器是否受控，如果继电器没有反应，检查 Wi-Fi 模块是否联网、继电器模块与主控是否连接正常。

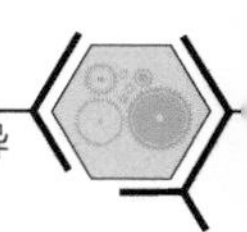

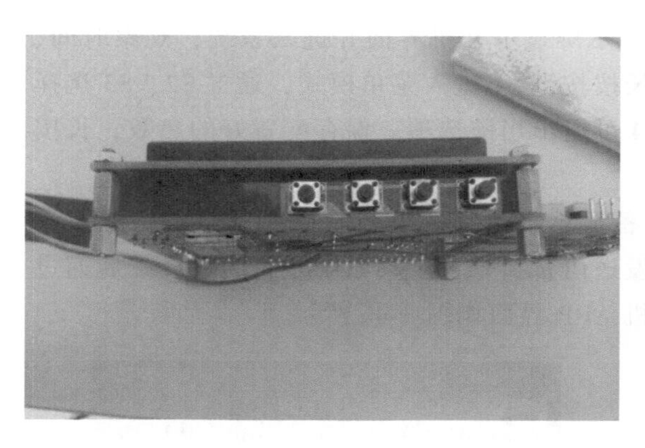

a) 按键部分

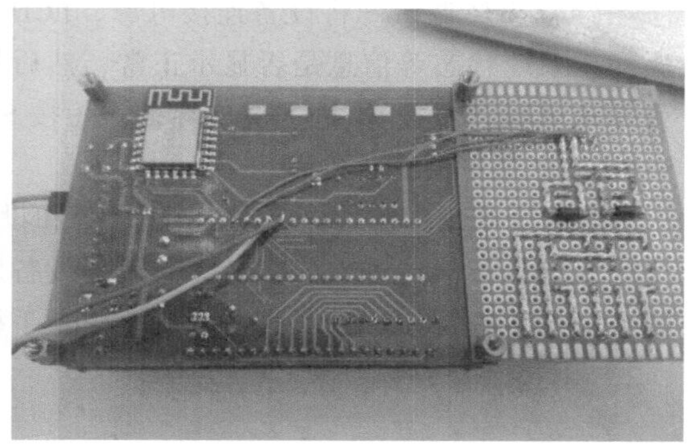

b) 实物背面图

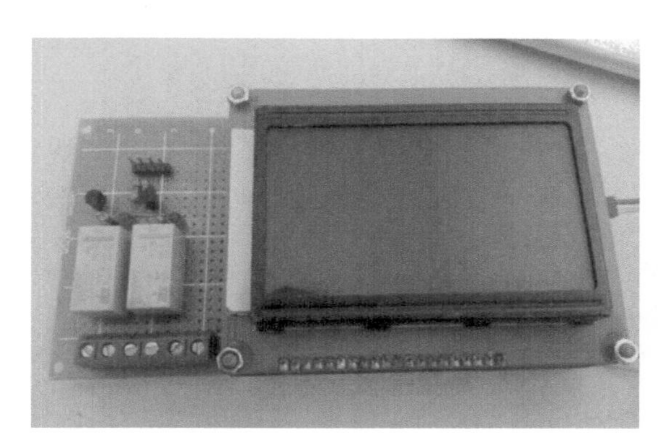

c) 实物整体图

d) 半成品图

图 3-43　放置、焊接元器件

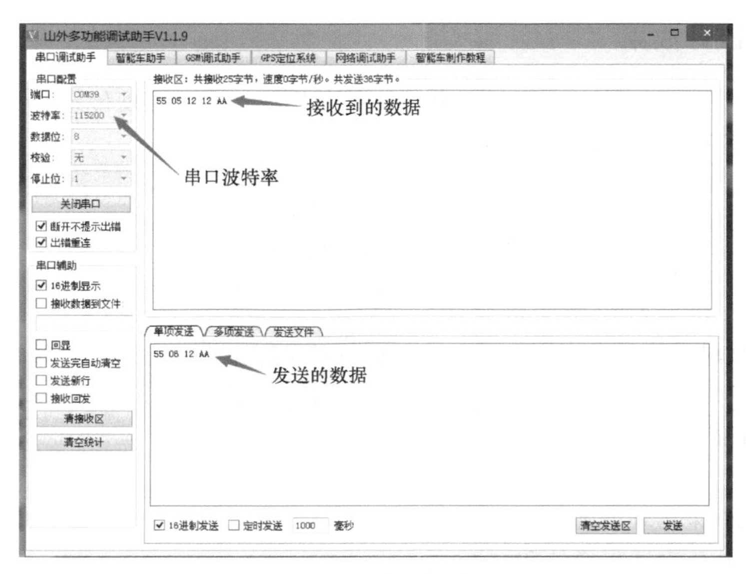

图 3-44　串口调试

（4）整体调试　将设备连接电源，LCD 显示屏显示开机界面并进入系统，观察时间、温度、系统状态等信息是否显示正常，然后长按按键 S1 进入菜单模式，通过 S2、S3 选择目标菜单项，短按 S1 进入对应界面，短按 S4 可退出当前选项。保存配置好的参数，长按 S1 可退出菜单模式，进入主界面。

打开手机 APP，观察温度信息是否和设备显示一致，按下控制按钮观察设备是否有反应，打开微信，进入公众号，向远程设备发送语音指令，观察系统是否受控，然后通过网页对设备进行控制，观察是否有反应，手机 APP 界面如图 3-46 所示。

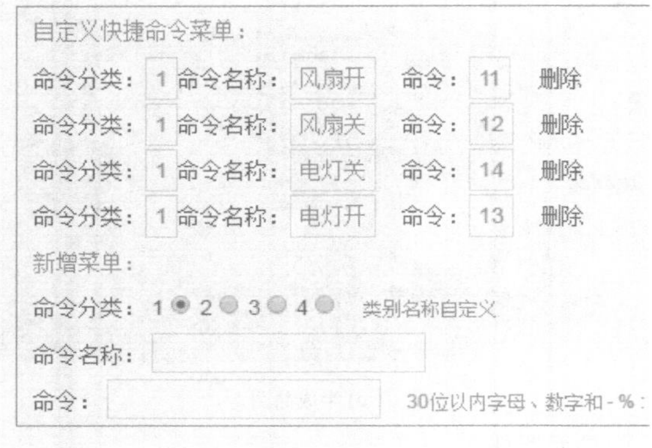

自定义快捷命令菜单：

命令分类：1 命令名称：风扇开 命令：11 删除

命令分类：1 命令名称：风扇关 命令：12 删除

命令分类：1 命令名称：电灯关 命令：14 删除

命令分类：1 命令名称：电灯开 命令：13 删除

新增菜单：

命令分类：1 2 3 4 类别名称自定义

命令名称：

命令：　30位以内字母、数字和 - % :

图 3-45　远程控制指令配置图

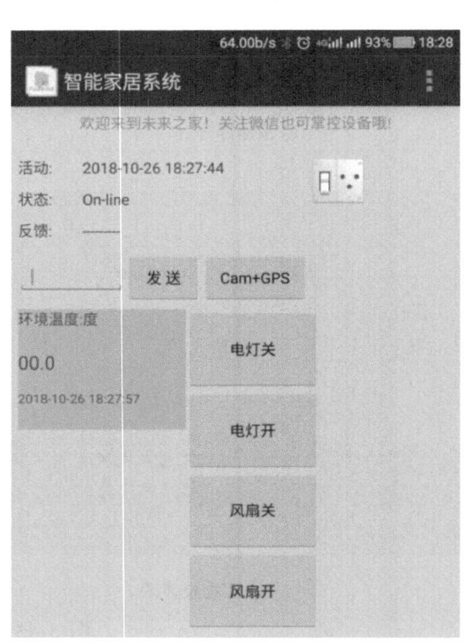

图 3-46　手机 APP 界面

3.4.6　设计成果

本系统使用 STC15F2K60S2 单片机作为主控制模块，通过温度传感器把外界温度信号转换为固定频率的脉冲信号，由单片机读取，然后通过 LCD 进行显示，并将数据传至服务器，作品实物图如图 3-47 所示。相关成果可以广泛地应用于各种智能控制场所，使得电器控制变得便捷，因此本设计具有很强的现实应用价值。

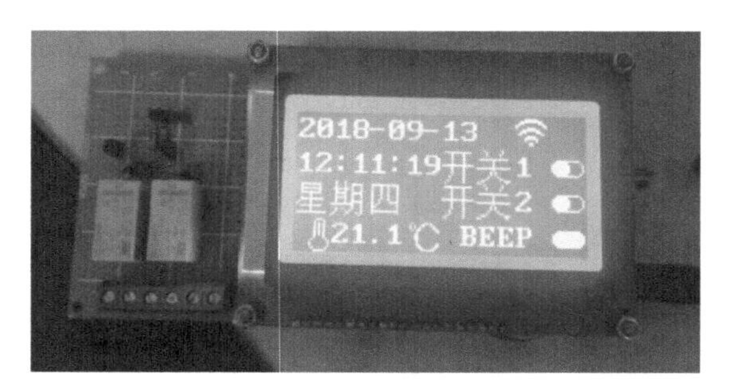

图 3-47　作品实物图

本系统的主要技术参数：

1）LCD 可显示系统状态及时间，用于人机交互。

2）DS18B20 采集环境温度信息。

3）ESP8266 负责远程通信和控制。

4）系统采用 5V 供电，供电方式不限。

第4章

工业机器人技术专业毕业设计指导

4.1 典型应用控制系统的设计

典型应用控制系统通过机器人、PLC、执行机构之间的通信，实现搬运码垛、上下料、TCP 练习、写字绘图、冲压、分拣等典型应用。图 4-1 所示为基于 TCP 和串口通信的典型应用控制系统框架示意图。

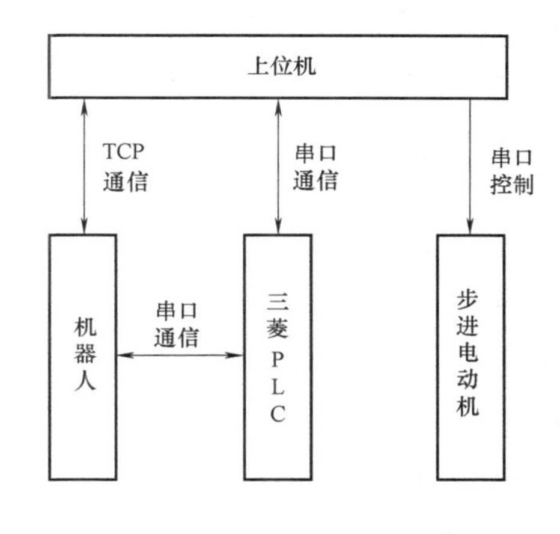

图 4-1 典型应用控制系统总体框架

典型应用的工业机器人工作站的设计与实现包含以下几个部分：

1）工业机器人控制。

2）PLC 控制。

3）执行机构设计与控制。

4）系统软件设计与调试。

4.2 打螺钉工作站的设计与实现（案例）

4.2.1 控制需求分析

打螺钉成为电子产品制造企业里不可缺少的职业岗位，在电子产品生产线上组装电子产品时要在电子产品上打螺钉，目前都是人工打螺钉。人工打螺钉的缺点，第一，工作辛苦、乏味枯燥；第二，人力每天的工作量是有限制的，人需要休息；第三，人工打螺钉费时费力，而且效率低下，所以在未来这项工作可能会渐渐地消失，取而代之的是机器人打螺钉。

打螺钉工作站结合工厂实际使用的相应自动化工作场景实现智能制造生产线典型打螺钉工作单元。本设计使用 KUKA KR6 R700 sixx 紧凑型工业机器人、三菱 PLC、步进电动机控制器，通过平板电脑或服务器上的生产管理软件发送控制命令给工作站执行自动装配打螺钉。

4.2.2 任务要求

1）实现打螺钉机器人及盖料板的搬运。

2）实现打螺钉机器人、三菱 PLC 和工控机之间消息的自动发送与接收。

3）绘制打螺钉工作站的电气图样（机器人的输入输出、PLC 的输入输出、外部终端器件的控制）。

4）机器人本体的示教目标点程序设计、编写及调试。

5）三菱 PLC 的程序设计、编写及测试。

6）打螺钉机器人工作站的整体调试。

4.2.3 总体设计方案

本系统主体包含三个部分：机器人主控柜、工控机、PLC。机器人与 PLC 通过 I/O 信号发送消息；PLC 与工控机通过串口通信发送消息；工控机与机器人通过 TCP 通信发送消息给机器人。为了满足柔性制造要求，还应设计与其他典型应用系统的通信接口。图 4-2 所示为预留了激光雕刻机器人、PCB 搬运机器人通信接口的打螺钉典型应用工作站的系统框图。

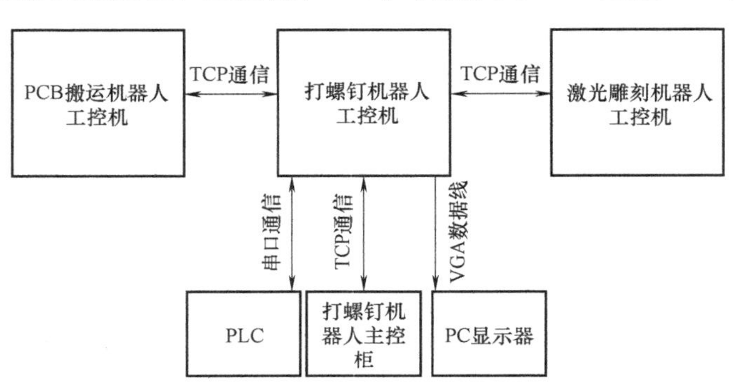

图 4-2 打螺钉工作站系统框图

4.2.4 电气控制模块设计

1. 主电源模块设计

输电线路采用的是常见的三相四线制，其中三条线路分别代表 A（黄色）、B（绿色）、C（红色）三相，另一条是中性线 N（零线）。输电线路电源为 380V。

三孔插座的电压为 220V，用于给工控机、主控柜及其他外围电器供电。交流接触器对输电线路电源起保护作用，防止电源欠电压。开关电源的作用是将 220V 交流电转换成 24V 直流电给 PLC 供电。

主电源电气控制电路图如图 4-3 所示。

2. PLC 输入输出设计

PLC 输入电气图如图 4-4 所示。

PLC 输入端接口及其功能见表 4-1。

PLC 输出电气图如图 4-5 所示。

PLC 输出端接口及其功能见表 4-2。

3. 主控柜安全接口模块配置

智能生产线打螺钉工作站采用 KUKA KR C4 compact 控制柜。

X11 是安全接口，用于采集安全信号，例如安全门未关、急停按下等信号。

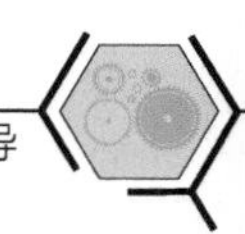

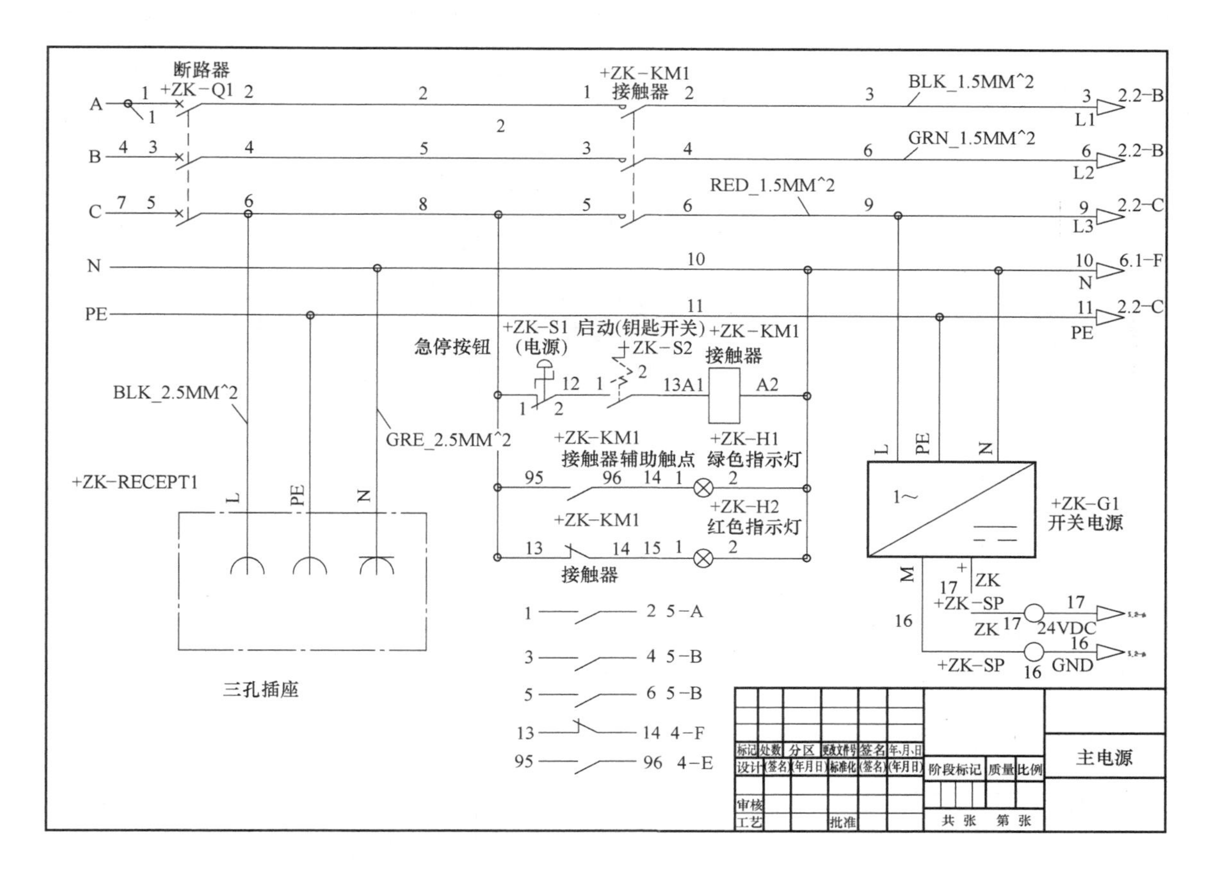

图 4-3　主电源电气图

表 4-1　PLC 输入端接口及其功能

IN0	IN1	IN2	IN3	IN4	IN5	IN6	IN7
驱动装置处于待机状态	集合故障	R 外部起动	程动旋钮	手动旋钮	K 起动按钮	K 停止按钮	K 继续按钮
IN10	IN11	IN12	IN13	IN14	IN16	IN17	
K 错误确认按钮	光电开关	光电开关	上料确认开关	上料确认开关	急停输入 A	急停输入 B	

表 4-2　PLC 输出端接口及其功能

Y0	Y1	Y2	Y3	Y4	Y6	Y7
R 程序起动	运行开通	R 错误确认	R 驱动器关闭	R 驱动器打开	变频器输出 1	变频器输出 2

EL1809 和 EL2809 均是 EtherCAT 端子模块。EL1809 是 16 通道数字量输入模块，将执行层的一些传感器信号以二进制信号的方式传送给机器人控制中心，例如将急停按钮按下的信号传送给机器人控制中心；EL2809 是 16 通道数字量输出模块，将机器人控制中心的二进制信号传送到执行层的执行器上，例如控制警报器发出报警。

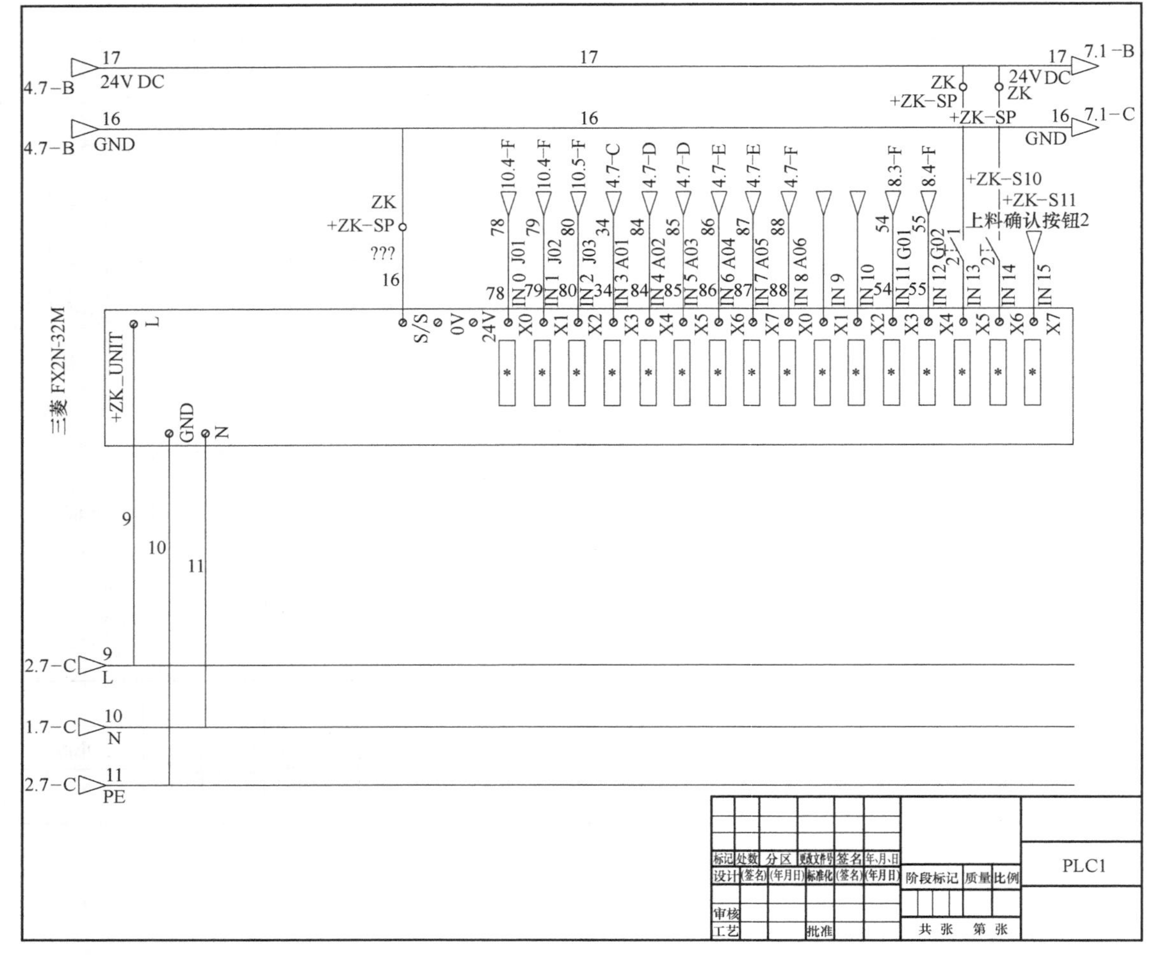

图 4-4　PLC 输入电气图

机器人主控柜 X11 接口如图 4-6 所示。

4.2.5　硬件选型

1. 螺钉机、电批选型

螺钉机选用深圳市欧立泰科技有限公司的 NSRI-30（M3.0），如图 4-7 所示。NSRI-30 螺钉机能准确地拾取圆头螺钉。它的分料方式为旋转式，分料时，若有阻碍，会自动回原点，以保证拾取位置的准确性；它还提供外接信号线，自动化设备可根据该信号线检测拾取位是否有螺钉。

电批选用深圳市欧立泰科技有限公司的 HIOS CL-3000，如图 4-8 所示。HIOS CL-3000 为吸气式电批，它采用无铁心电动机，具有较好的耐久性，采用低电压直流方式的设计。它安装在工业机器人法兰盘上可组合成全自动打螺钉机。

2. 外围执行机构选型

（1）三菱 PLC　本系统采用三菱 FX 系列的 PLC，其 PLC 型号为 FX3U-32ER。该

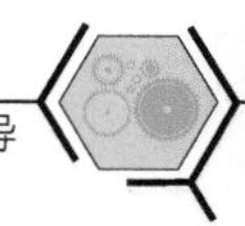

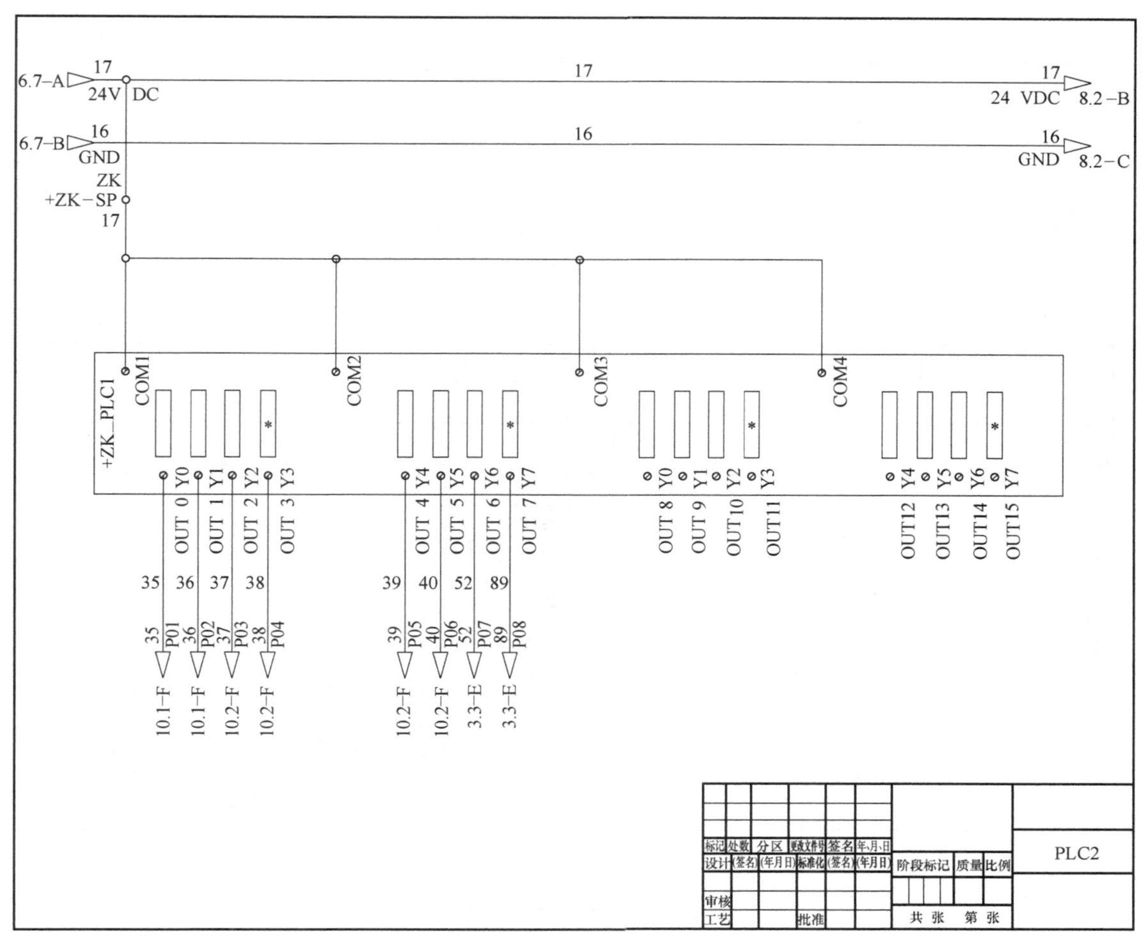

图 4-5　PLC 输出电气图

PLC 的 I/O 总点数为 32，即输入 16 点、输出 16 点。PLC 的单元类型为输入/输出混合扩展单元及扩展模块，输出形式为继电器输出。

优点：整体式和模块式可编程序控制器，其基本单元、扩展单元和扩展模块的高度和宽度相同；具有灵活多变的系统配置，选用各种扩展单元和扩展模块，可组成不同的 I/O 口和不同功能的控制系统；可用于要求较高的系统。

PLC 输出端 Y0、Y1、Y2 与机器人输出端 R 程序起动、运行开通、R 错误确认相关联，用于机器人程序起动。PLC 输出端 Y3、Y4 与机器人的 R 驱动器关闭、R 驱动器打开相关联，用于机器人驱动打开和关闭。

（2）变频器　打螺钉工作站采用三菱 FR-D700 系列变频器，如图 4-9 所示，它是一款紧凑型多功能的变频器，具体参数见表 4-3。

它具有以下功能和优势：调速；起动电流小，可减少起动时对机械设备的冲击；控制功能强大，通过参数设置，可实现电动机的起停、正反转、加减速等各项功能。打螺钉工作站的变频器用于控制传送带。

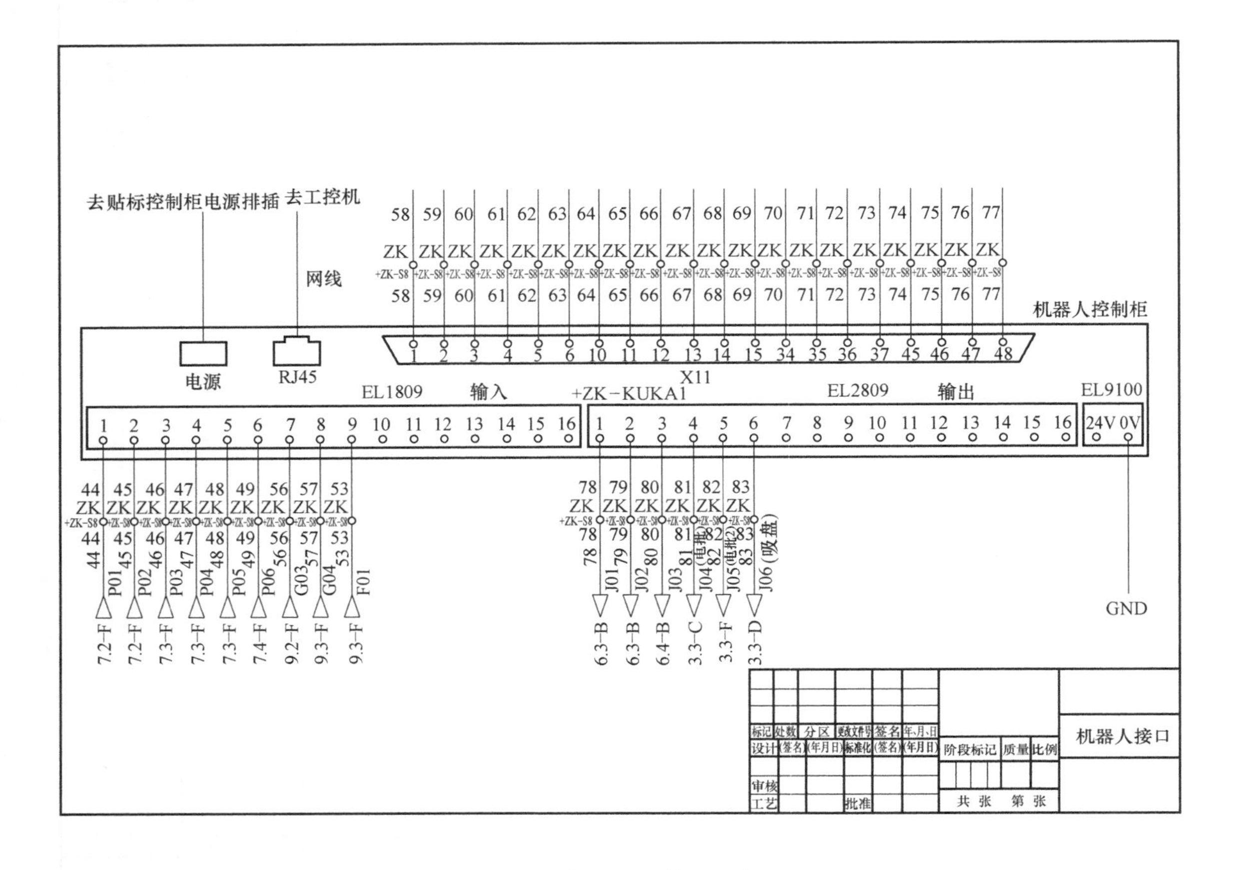

图 4-6　主控柜 X11 接口电气图

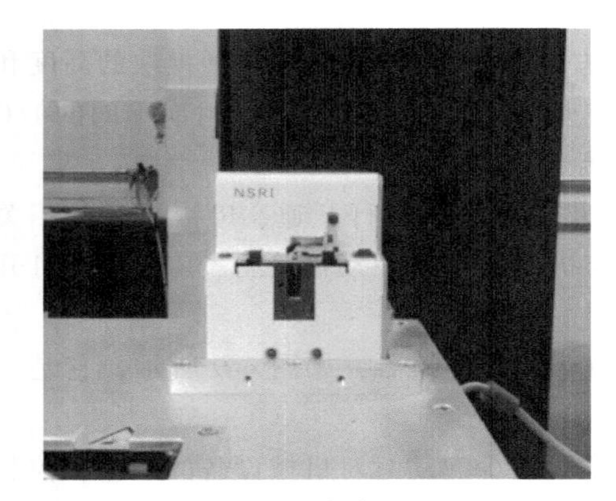

图 4-7　螺钉机

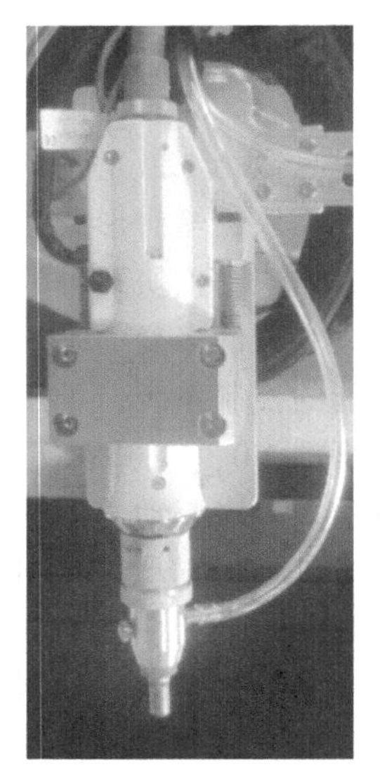

图 4-8　电批

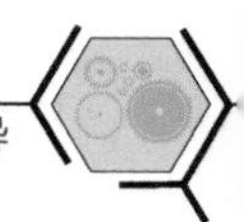

3. 机器人主控柜 I/O 配置

机器人主控柜通过扩展板 1809 和 2809 模块控制电批、吸嘴等，具体配置见表 4-4。

表 4-3 三菱 FR-D700 系列变频器参数

品牌	Mitsubishi/三菱
型号	FR-D704-2. 2K-CHT
产品系列	FR-D700
电源相数	三相
额定电压	AC380V
输出功率	2. 2kW
额定电流	10A
功率范围	0. 4~7. 5kW
Modbus-RTU 协议	内置
制动晶体管	内置
控制方式	通用磁通矢量控制,1Hz 时 150%额定转矩输出

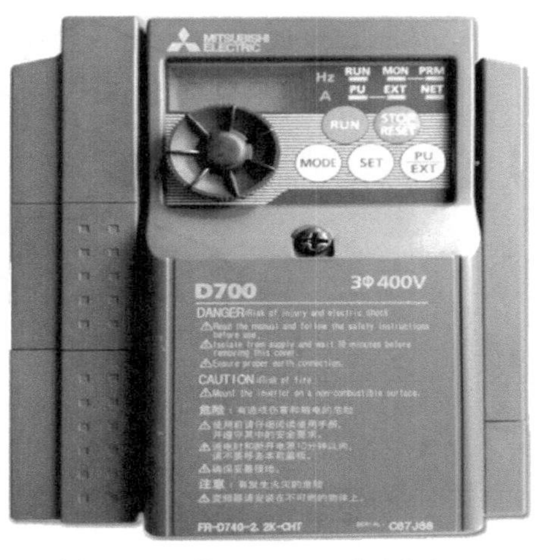

图 4-9 三菱 FR-D700 系列变频器

表 4-4 工位设备信号表

接口	信号对象
OUT 4	产品盖板吸嘴
OUT 5	电批起动
OUT 6	电批吸气起动
OUT 7	PCB 搬运
OUT 17(内部接口) OUT 20(内部接口)	启动夹具
IN7 IN8	启动夹具——松到位 启动夹具——紧到位

4.2.6 软件设计

1. PLC 控制程序流程图

PLC 控制程序流程图如图 4-10 所示。

按下起动按钮，外部起动打开，再判断驱动装置是否打开，如果打开，跳转到程序 P0；如果未打开，跳转到程序 P1。跳转到 P0 时，R 外部起动运行，变频器打开，机器人工作。

2. 打螺钉示教点设计

打螺钉工作站需要示教三个点，分别为：准备吸取螺钉动作的过渡点（TRANSITION-POS）、吸取螺钉点（PICK）和放置螺钉点（PLACE）。另外，需再定义一个吸取螺钉点的抬高点（PICKUP）和一个放置螺钉点的抬高点（PLACEUP）。

实例展示如下。

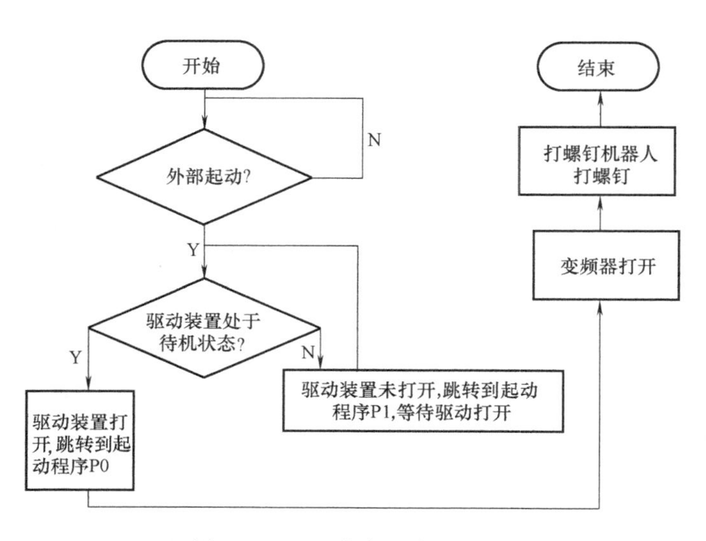

图 4-10 PLC 控制程序流程图

1）准备吸取螺钉动作的过渡点（TRANSITIONPOS）如图 4-11 所示。

2）吸取螺钉点（PICK）如图 4-12 所示。

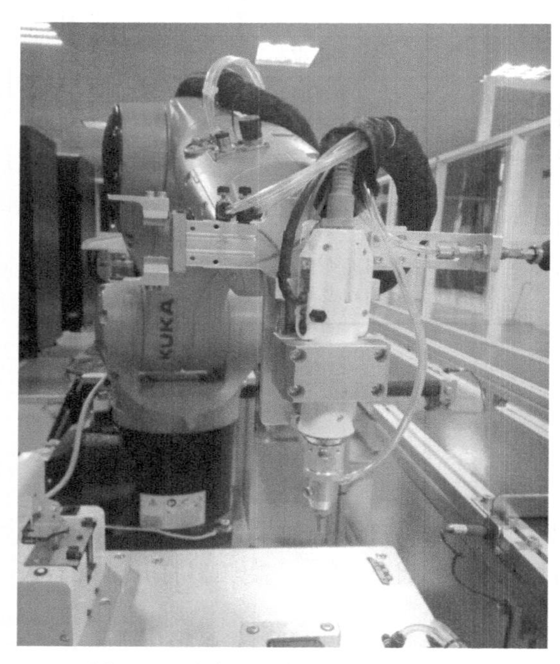

图 4-11 准备吸取螺钉动作的过渡点

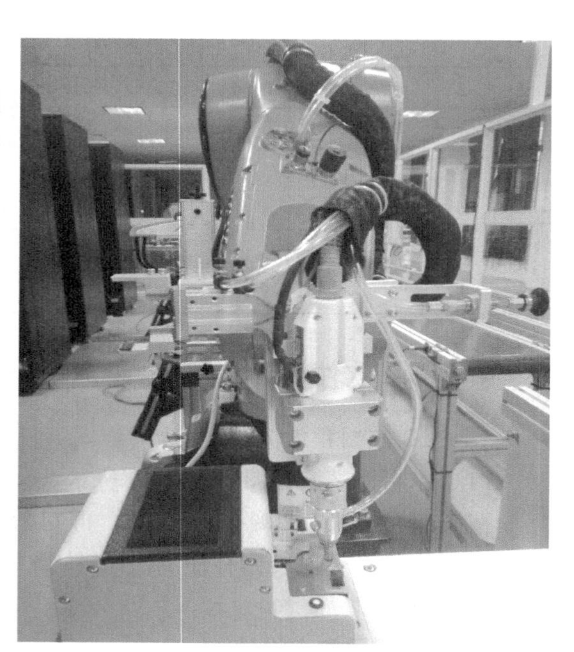

图 4-12 吸取螺钉点

3）放置螺钉点 1（PLACE）如图 4-13 所示。

4）放置螺钉点 2（PLACE）如图 4-14 所示。

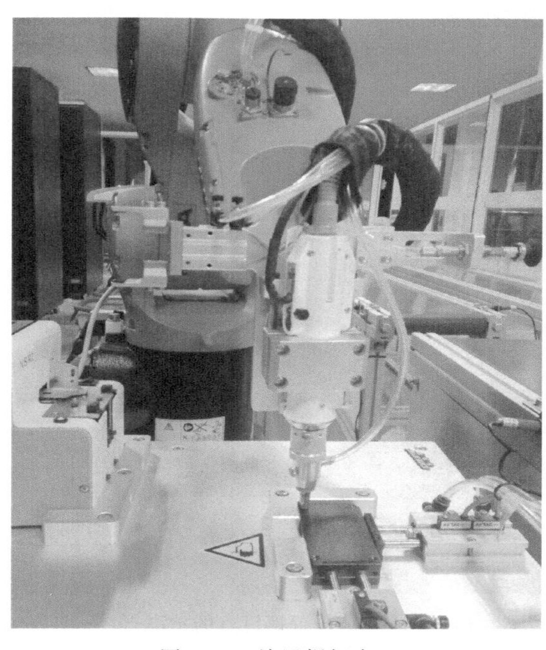

图 4-13　放置螺钉点 1

图 4-14　放置螺钉点 2

5）放置螺钉点 3（PLACE）如图 4-15 所示。

6）放置螺钉点 4（PLACE）如图 4-16 所示。

图 4-15　放置螺钉点 3

图 4-16　放置螺钉点 4

7）吸取螺钉点的抬高点（PICKUP）如图 4-17 所示。

8）放置螺钉点的抬高点（PLACEUP）如图 4-18 所示。

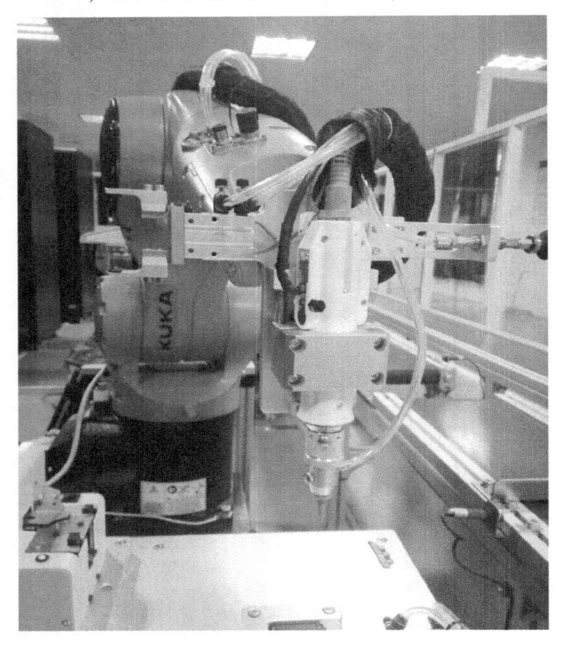

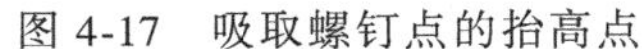
图 4-17　吸取螺钉点的抬高点

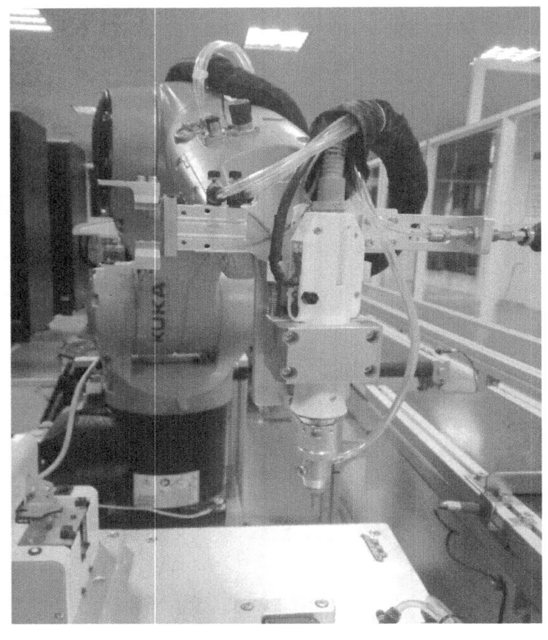

图 4-18　放置螺钉点的抬高点

4.2.7　调试与运行

1. 机器人起动及点位示教确认

将示教器切换至“T1”模式，进行点位的示教确认，如图 4-19 所示。

在 T1 模式下打开打螺钉程序，以手动的方式运行程序，查看点的位置是否准确，如图 4-20 所示。

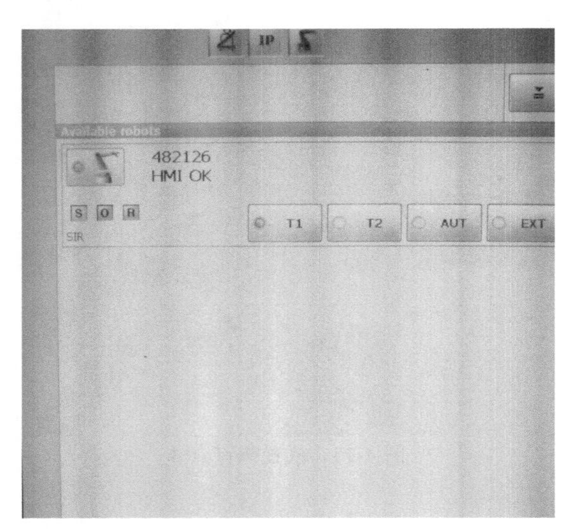

图 4-19　切换工作模式至 T1

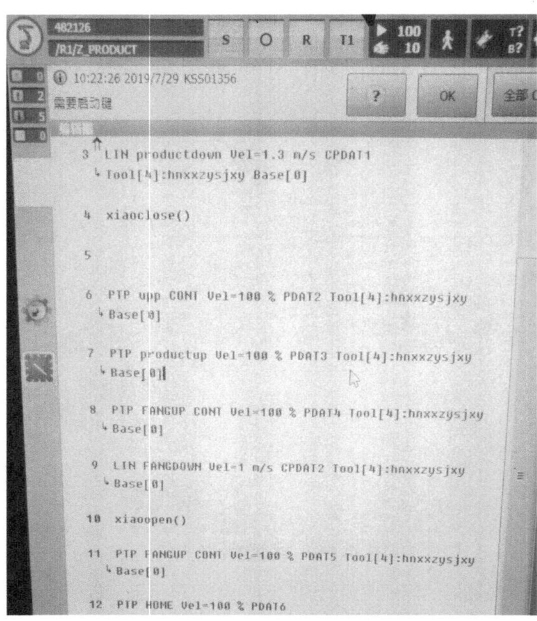

图 4-20　运行打螺钉程序

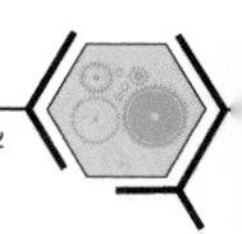

2. AUT 模式下与上位机通信测试

1）选择打螺钉程序，如图 4-21 所示。

2）将机器人程序复位，如图 4-22 所示，示教器显示“已达 BCO”状态。

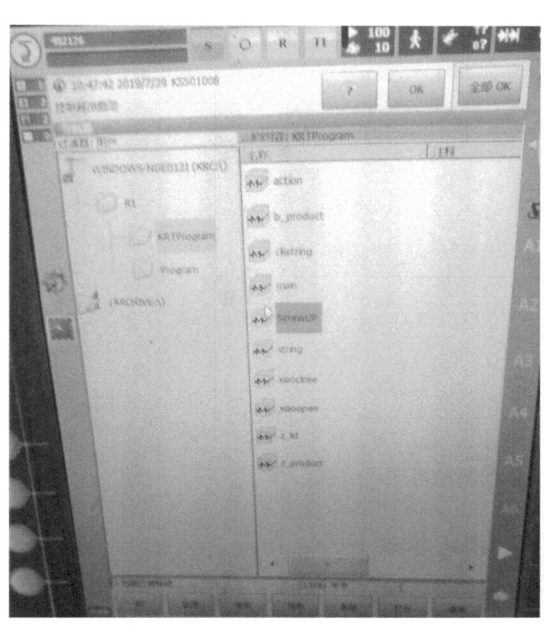

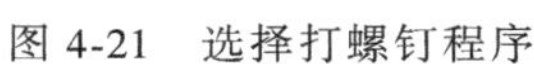

图 4-21　选择打螺钉程序

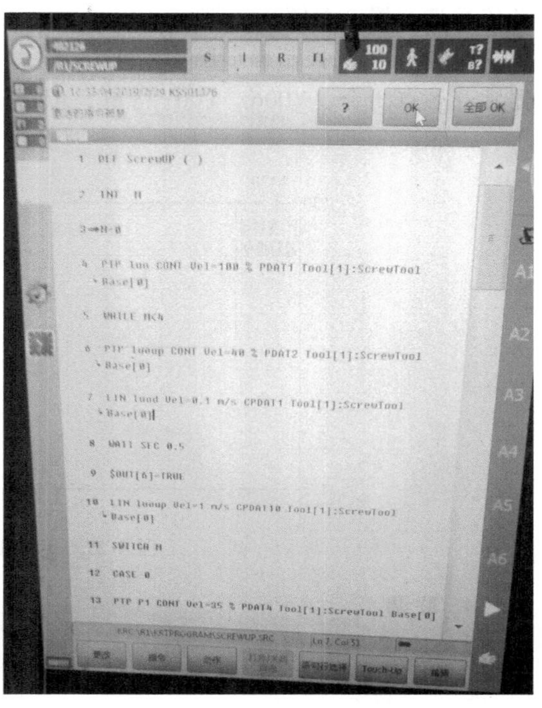

图 4-22　机器人程序复位

3）将示教器切换为“AUT”模式，如图 4-23 所示。

4）起动机器人，如果接收到机器人的消息，通信成功，如图 4-24 所示；否则通信失败。

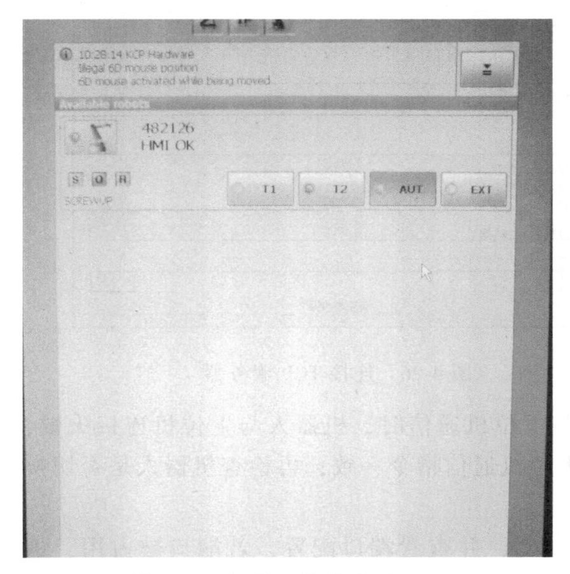

图 4-23　切换工作模式至 AUT

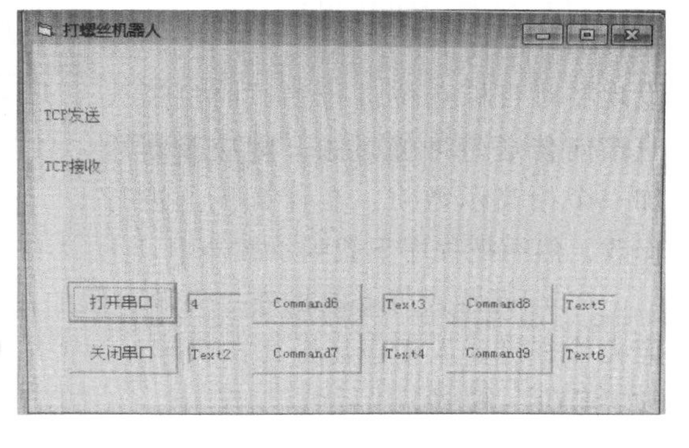

图 4-24　接收消息成功

3. 通过串口控制传送带

传送带通过串口控制起动和停止。PLC 里的控制端口为 M29，置 1 打开传送带、置 0 关闭传送带。在上位机中用 command 控件去控制，并将 command9 定为控制按键，置 1 打开传送带、置 0 关闭传送带。

传送带 PLC 控制梯形图如图 4-25 所示，变频器通过 PLC 运行，当 M29 得电时，继电器常开触点闭合，Y006、Y007 得电，传送带开启。

图 4-25　传送带 PLC 控制梯形图

4. 联调

1）连接 TCP 服务器，如图 4-26 所示。

2）打开打螺钉工作站接口。

3）选择机器人程序，将示教器切换至“EXT”模式。

4）起动机器人，如果接收到机器人的消息，代表机器人能执行打螺钉命令，通信成功，否则通信失败。

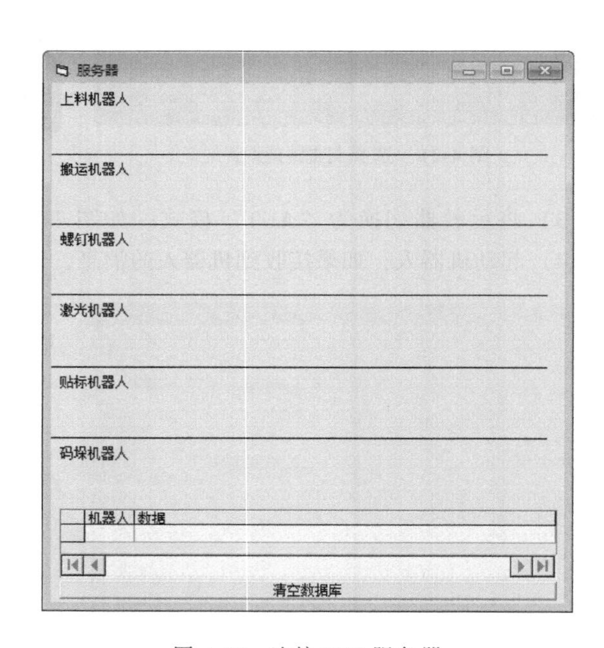

图 4-26　连接 TCP 服务器

5. 常见问题与解决办法

(1) 机器人路径错误　假如在示教目标点过程中，少示教一个抬高点。发现在对目标点位进行测试时机器人直接向传送带冲撞过去，则应重新添加一个抬高示教点；在计算机上进行修改，然后把程序下载到示教器中。

(2) 机器人与上位机连接失败　假如在与上位机通信时，机器人与上位机连接失败，应先检查机器人程序是否存在问题，是否与上位机通信指令一致；再检查机器人是否切换为“EXT”模式。

(3) PLC 端口占用　查看计算机设备管理器，并查看端口配置，若端口被占用，进入 PLC 改为其他端口再进行测试，直到连接成功。

第5章

通信技术专业毕业设计指导

5.1 基于SystemView平台的无线通信收发模块设计与仿真（案例1）

5.1.1 课题综述

1. 选题背景和依据

随着现代通信技术的迅速发展，人们对无线通信的需求日益增长，手机移动通信、卫星通信、无线局域网通信、广播通信等通信类型百花齐放，从而需要各种各样的通信收发系统满足不同频段、不同标准的无线信号的传输。无线通信收发模块作为无线通信的电路系统，是实现移动通信、卫星通信、无线局域网通信、广播通信等无线通信系统的硬件基础，由于不同类型的无线信号所使用的基带调制方式和占用的频段均不相同，不同的信号所使用的通信收发设备也均不相同。而通信的收发系统是一个较为庞大的系统，其电路系统的设计较为复杂，且针对不同无线通信机制，电路结构也具有较大的差异，因此通信收发系统的研制周期也较长。为了简化通信收发系统的结构、缩短通信收发系统的研制周期，本设计将对无线通信收发系统的基带和射频电路进行模块化设计和仿真，并通过不同基带和射频模块的组合实现不同信号类型无线通信系统中信号的发送和接收，满足不同通信系统的需求。

2. 解决的主要问题

本课题主要实现无线通信收发系统的设计，并针对无线通信收发系统的基带和射频电路进行模块化设计和仿真，通过不同基带和射频模块的组合实现无线通信系统中信号的发送和接收。

本设计中主要解决的问题如下：

1）无线通信收发系统的模块化设计。无线通信收发系统需要将模拟信号或数字信号经过系列处理后，以电磁波的形式发射出去，并通过接收设备将接收到的信号进行还原，获取发送端发送的信号。将无线通信收发系统进行模块化，需要考虑每个模块实现什么功能、怎样进行模块化才能使得系统的结构更加简单明了。

2）模块设计和仿真验证。对无线通信收发系统进行模块化后，需要对模块的功能进行细化和分类，实现不同模块的设计，包括电路结构设计、参数设计等，从而使得不同的

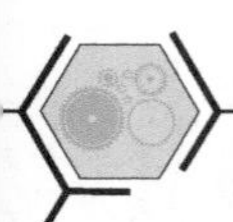
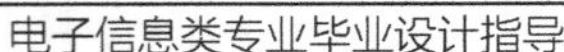

模块实现不同的功能。针对设计好的模块通过 SystemView 平台进行仿真模型的建立，并对模块进行仿真，验证模块的设计是否合理，若仿真结果不正确，需要对模块的结构或参数进行调整，直到仿真结果正确为止。

3）模块化组合实现无线通信收发系统的整体设计与仿真验证。通过不同模块的组合，实现一到两个模块组合的实例，需要切实结合该信号标准，如符号速率、传输频段、调制方式，对各个模块进行参数配置。并对整个系统进行仿真建模、仿真调试和仿真分析，以验证模块化组合方式的合理性。

3. 设计步骤、方法或措施

设计流程图如图 5-1 所示。

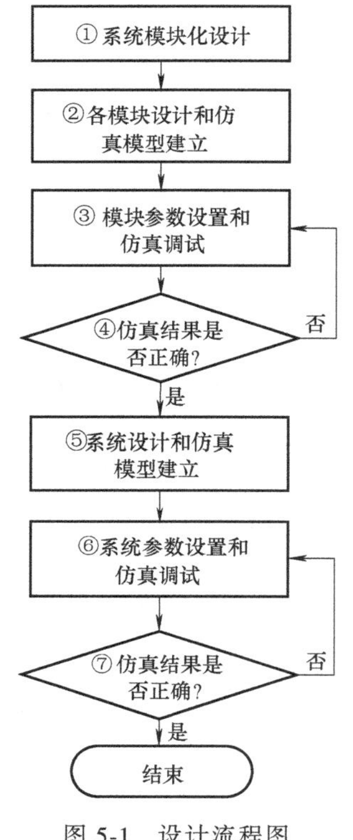

图 5-1　设计流程图

对设计流程的说明如下：

① 系统模块化设计。将无线通信收发系统进行模块化，确定每个模块实现什么功能，以及怎样进行模块化才能使得系统的结构更加简单明了。

② 各模块设计和仿真模型建立。对步骤①中所分类的各个模块进行功能细化和分类，实现不同模块的设计，从而使得不同的模块实现不同的功能，并针对设计好的模块通过 SystemView 进行仿真模型的建立。

③ 模块参数设置和仿真调试。对步骤②中设计的模块进行参数分析和设置，并进行仿真调试，对错误的结构和参数进行调整。

④ 模块仿真结果验证。观察步骤③中的仿真结果是否正确，若仿真结果不满足需求，则需要重复步骤③；若仿真结果满足系统需求，则说明所设计的模块合理并能正常运行。

⑤ 系统设计和仿真模型建立。对设计好的不同模块进行组合，以实现一到两种信号类型的无线通信收发系统的搭建，并通过 SystemView 对系统进行模型的建立。

⑥ 系统参数设置和仿真调试。对步骤⑤中设计的系统进行参数分析和设置，并进行仿真调试，对错误的结构和参数进行调整。

⑦ 系统仿真结果验证。观察步骤⑥中的仿真结果是否正确，若仿真结果不满足需求，则需要重复步骤⑥；若仿真结果满足系统需求，则说明所设计的系统合理并能正常运行。

5.1.2　总体方案设计

无线通信收发系统包括发射子系统和接收子系统。为了实现系统的模块化，将无线通信收发系统分为四个模块进行设计。无线通信收发系统模块化后的框架如图 5-2 所示，该系统的发射部分包括基带调制模块和射频发送模块，该系统的接收部分包括射频接收模块和基带解调模块。

在发射子系统中，模拟或数字基带信号通过基带调制模块调制到低频或中频上；再由射频发送模块将低频或中频信号变频到该信号传播所占据的射频频段，经过滤波、放大等

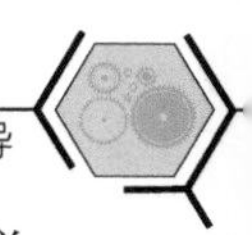

处理后通过天线转换为电磁波的形式发射出去。在接收子系统中，天线接收到发射端发送过来的信号后，由射频接收模块将射频信号进行滤波、放大，并变频为中频或低频信号；再由基带解调模块将调制信号还原为基带信号，从而实现信号的接收。

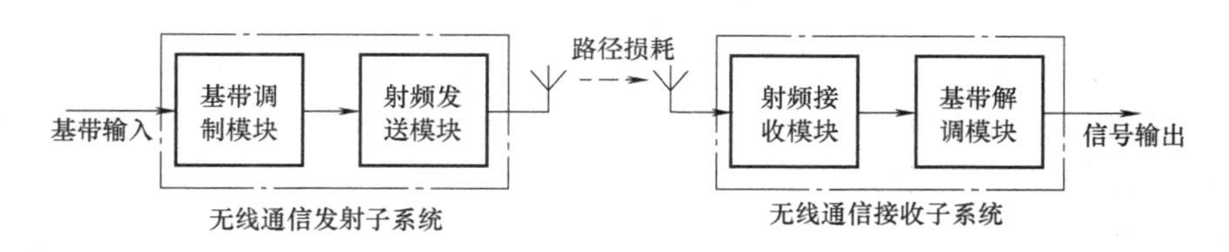

图 5-2　无线通信收发系统模块化后的框架

本课题设计了 AM、FM、2ASK、2PSK 调制和解调模块，以及适合于工作频段在 2G 以下的射频发送和接收模块。通过不同基带调制、解调模块和射频发送和接收模块的组合，可以实现适用于多种信号类型的无线通信收发系统的设计。

5.1.3　基带调制、解调模块设计与仿真

1. AM 调制、解调模块设计与仿真

(1) AM 调制模块设计

AM 调制的表达式为

$$s(t)=[A_0+m(t)]\cos(\omega_c t) \tag{5-1}$$

式中，A_0 为载波分量的幅度；$m(t)$ 为基带信号；$\cos(\omega_c t)$ 为载波。

根据 AM 调制原理，所设计的 AM 调制模块如图 5-3 所示。本模块将模拟基带信号调制到 3kHz 的载波上，在具体应用中可根据实际情况更改载波频率 f_c。

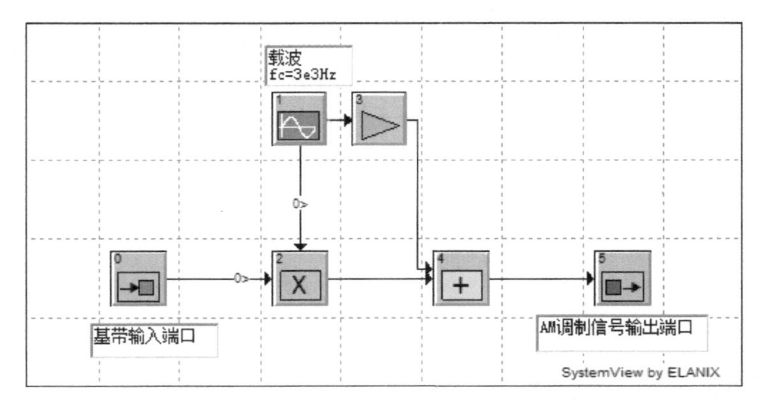

图 5-3　AM 调制模块

对图 5-3 中子模块的说明如下：

1) Token0：基带信号输入端口。

2) Token1：载波信号，载波频率 $f_c=3\text{kHz}$。

3) Token2：乘法器。

4) Token3：线性放大器，放大增益 G 等效为式 (5-1) 中的 A_0。此处设 $G=1$，即式

(5-1) 可表示为 $s(t)=m(t)\cos(\omega_c t)$。

5）Token4：加法器。

6）Token5：信号输出端口，输出 AM 调制信号。

(2) AM 解调模块设计

AM 解调模块可采用相干解调和非相干解调两种方法来实现。相干解调通过在接收端产生一个与发送端同频同向的载波，实现对调制信号的解调；非相干解调不需要产生相干载波，可通过包络检波的形式实现解调，但要求所接收到的 AM 信号为线性调制信号。本设计中使用相干解调的方式实现 AM 信号的解调，解调模块的设计如图 5-4 所示。

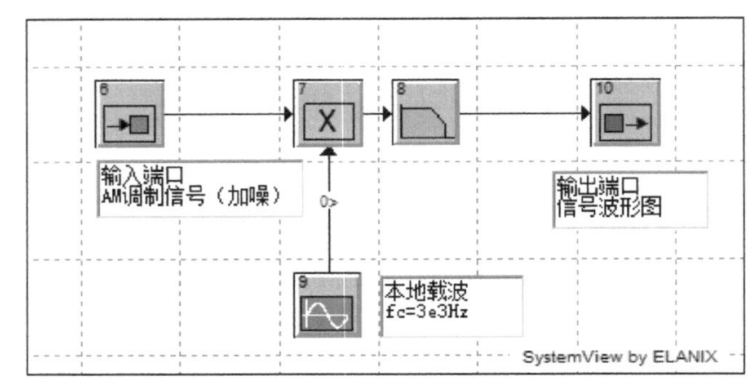

图 5-4　AM 解调模块

对图 5-4 中子模块的说明如下：

1）Token6：AM 调制信号输入端口。

2）Token7：乘法器。

3）Token8：低通滤波器，Low cutoff=400Hz。

4）Token9：本地载波，$A_c=1\text{V}$，$f_c=3\text{kHz}$。

5）Token10：解调信号输出端口。

(3) AM 调制、解调模块仿真验证

为了验证本课题中设计的 AM 调制、解调模块的合理性，通过 SystemView 对 AM 调制、解调模块进行了仿真，搭建的仿真验证模型如图 5-5 所示。考虑到信道中噪声对信号的影响，在仿真模型中加入了高斯白噪声（Token14），以模拟真实的信道环境。

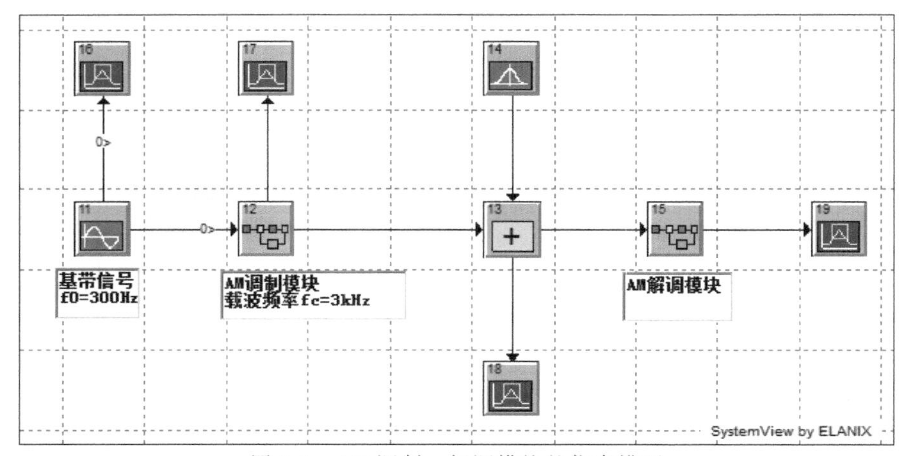

图 5-5　AM 调制、解调模块的仿真模型

对图 5-5 中子模块的说明如下：

1）Token11：基带信号，本次仿真中设置为正弦波，$f_0=300\text{Hz}$。

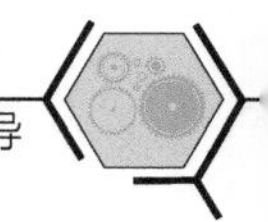

2）Token12：如图 5-3 所示的 AM 调制模块。

3）Token13：加法器。

4）Token14：高斯白噪声，标准差设置为 0.1V。

5）Token15：如图 5-4 所示的 AM 解调模块。

6）Token16：显示基带信号波形。

7）Token17：显示 AM 调制信号波形。

8）Token18：显示加入噪声的 AM 调制信号波形。

9）Token19：显示解调后的信号波形。

图 5-6 所示为 AM 调制、解调模块仿真结果，图 5-6a 所示为基带信号波形图；图 5-6b 所示为 AM 调制信号波形图；图 5-6c 所示为加入噪声后的 AM 调制信号波形图；图 5-6d 所示为解调后的信号波形图。图5-6d 所示的波形稍滞后于图 5-6a 所示波形，这是在解调过程中使用的滤波器引入了延时所导致的，且解调后的信号具有直流分量，这是调制过程叠加了直流分量的结果。根据仿真结果，本课题所设计的 AM 调制和解调模块能正确对模拟基带信号进行 AM 调制和解调。

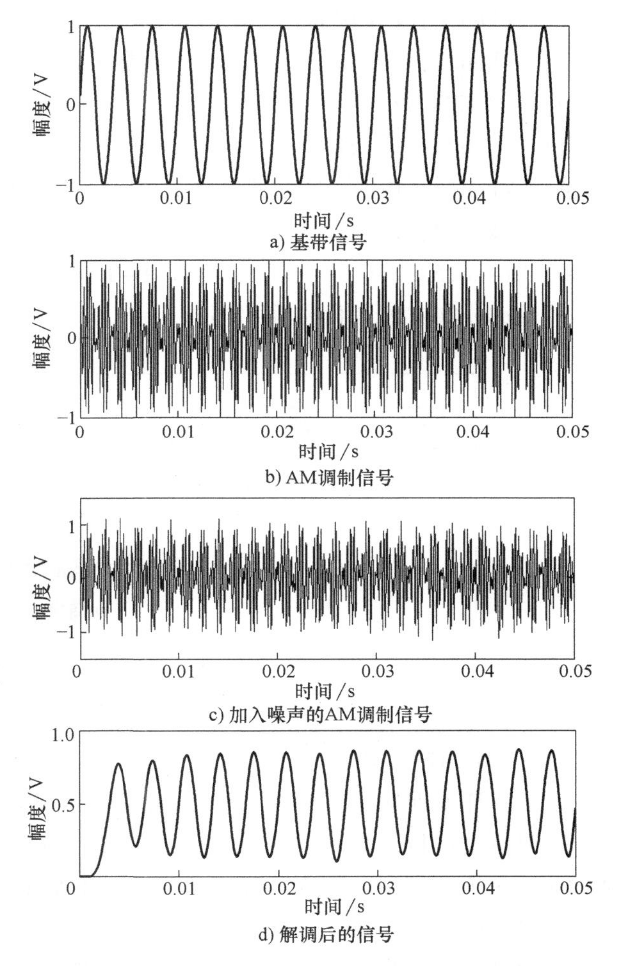

图 5-6　AM 调制、解调模块仿真结果

2. FM 调制、解调模块设计与仿真

（1）FM 调制模块设计

FM 调制是通过基带信号来控制载波的频率变化的，其表达式为

$$S_{\mathrm{FM}}(t)=\cos\left[\omega_{\mathrm{c}}t+K_{\mathrm{f}}\int m(t)\,\mathrm{d}t\right] \tag{5-2}$$

式中，K_{f} 为调制常数；$m(t)$ 为基带信号；ω_{c} 为载波的角频率。

FM 调制模块可通过压控振荡器（VOC）来实现，在 SystemView 中，等效为 Function Library 中的 Freq Mod，其模块图标为Fm。

（2）FM 解调模块设计

FM 解调模块可通过锁相环实现，一阶锁相环的结构如图 5-7 所示，该模块利用锁相环良好的跟踪特性来跟踪 FM 信号的瞬时相位变化，由压控振荡器的控制端获得解调信

号。通过 SystemView 设计的 FM 解调模块如图 5-8 所示，FM 信号经过带通滤波器滤除带外噪声，由乘法器（Token22）作为图 5-7 所示锁相环结构中的鉴相器，FM 调制模块（Token25）作为图 5-7 所示锁相环结构中的压控振荡器。

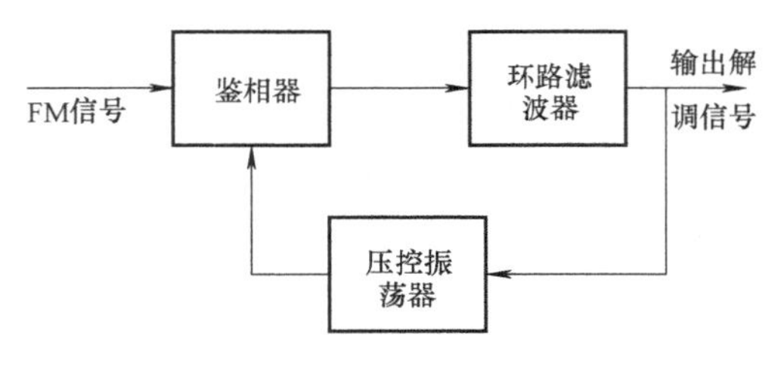

图 5-7　锁相环结构图

对图 5-8 中子模块的说明如下：

1）Token20：FM 调制信号输入端口。

2）Token21：三阶 Butterworth 带通滤波器，在此次仿真中设置 Low cuttoff 为 800Hz，Hi cuttoff 为 1200Hz。

3）Token22：乘法器。

4）Token23：Bessel 低通滤波器，本次仿真中极点数为 2，Low cuttoff 设置为 500Hz。

5）Token24：线性放大器，增益 $G=200$。

6）Token25：FM 调制模块，幅度 $A=1.414\text{V}$；载波频率 $f_c=1\text{kHz}$，增益 $G=0.159$。

7）Token26：解调信号输出端口。

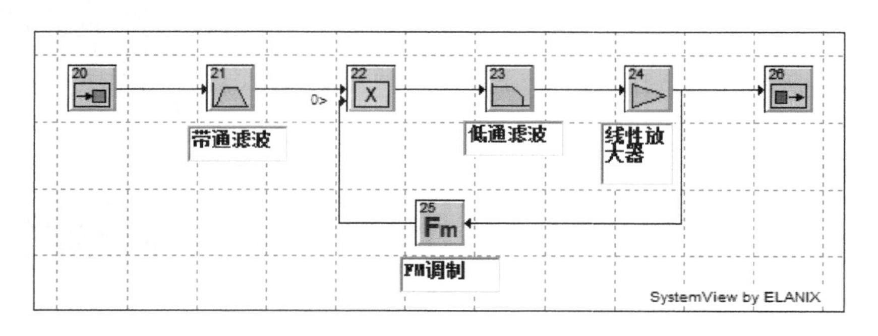

图 5-8　FM 解调模块

（3）FM 调制、解调模块仿真验证

为了验证本课题中设计的 FM 调制、解调模块的合理性，通过 SystemView 对 FM 调制、解调模块进行了仿真，搭建的仿真验证模型如图 5-9 所示。考虑到信道中噪声对信号的影响，在仿真模型中加入了高斯白噪声（Token30），以模拟真实的信道环境。

对图 5-9 中子模块的说明如下：

1）Token27：基带信号，本次仿真中基带信号设置为正弦信号，幅度 $A=50\text{V}$，频率 $f_0=50\text{Hz}$。

2）Token28：FM 调制模块，载波幅度 $A=1\text{V}$，频率 $f_c=1\text{kHz}$，增益 $G=1$。

3）Token29：加法器。

4）Token30：高斯白噪声，标准差设置为 0.1。

5）Token31：如图 5-8 所示的 FM 解调模块。

6）Token32：显示基带信号波形。

7）Token33：显示 FM 调制信号波形。

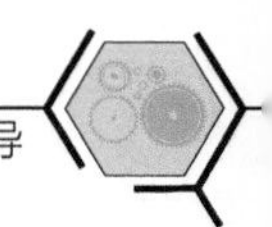

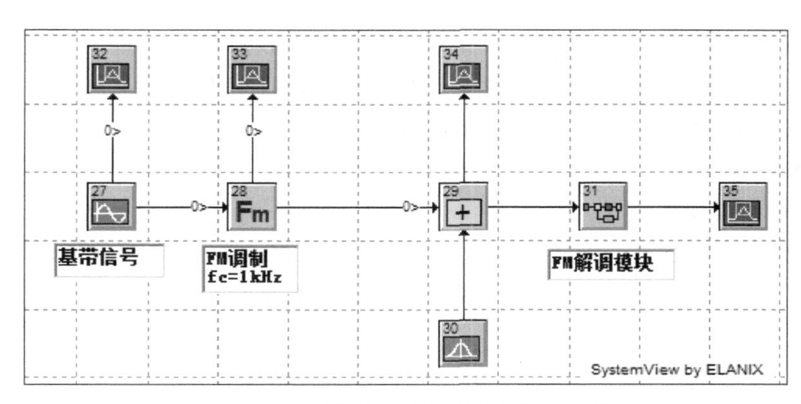

图 5-9　FM 调制、解调模块的仿真模型

8）Token34：显示加入噪声的 FM 调制信号波形。

9）Token35：显示解调后的信号波形。

图 5-10 所示为 FM 调制、解调模块仿真结果，图 5-10a 所示为基带信号波形图；图 5-10b所示为 FM 调制信号波形图；图 5-10c 所示为加入噪声后的 FM 调制信号波形图；图

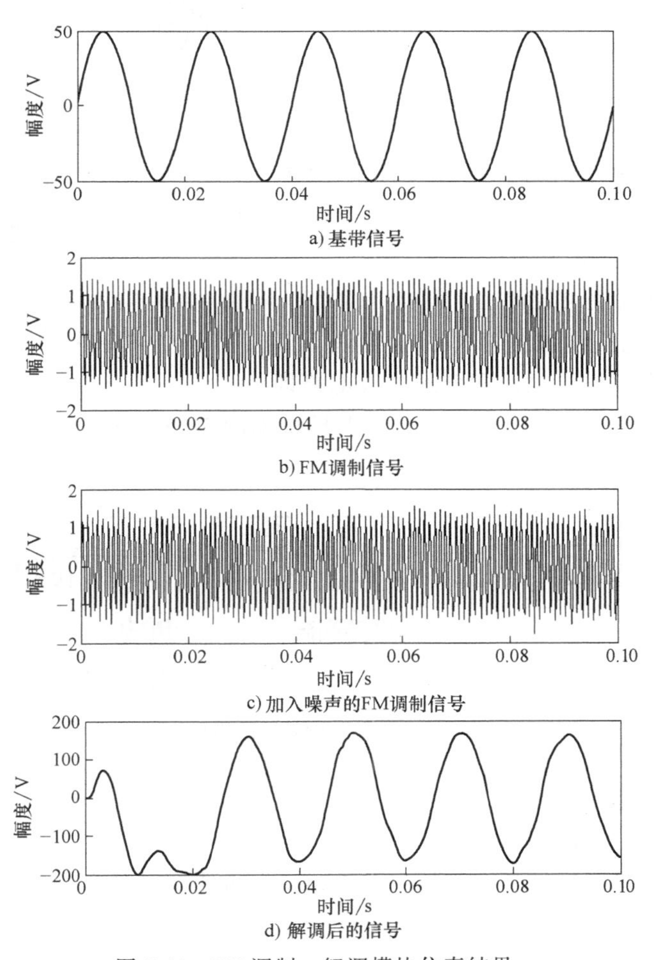

图 5-10　FM 调制、解调模块仿真结果

5-10d 所示为解调后的信号波形图。图 5-10d 所示的波形稍滞后于图 5-10a 所示波形，这是由调制、解调模块的系统响应所导致的延时。根据仿真结果，本课题所设计的 FM 调制和解调模块能正确对模拟基带信号进行 FM 调制和解调。

3. 2ASK 调制、解调模块设计与仿真

（1）2ASK 调制模块设计

2ASK 调制为二进制振幅键控，用代表数字信息“0”或“1”的基带矩形脉冲来键控连续的载波，当数字信息为“1”时有载波输出，当数字信息为“0”时无载波输出。二进制振幅键控信号码元可表示为

$$S_{\mathrm{ASK}}(t)=A(t)\cos(\omega_{\mathrm{c}}t+\theta) \tag{5-3}$$

式中，ω_{c} 为载波角频率；$A(t)$ 是随基带调制信号变化的时变振幅，即

$$A(t)=\begin{cases}A(\text{当发送 1 时})\\0(\text{当发送 0 时})\end{cases} \tag{5-4}$$

2ASK 调制模块如图 5-11 所示，单极性基带矩形脉冲直接与载波相乘即可获得 2ASK 调制信号。

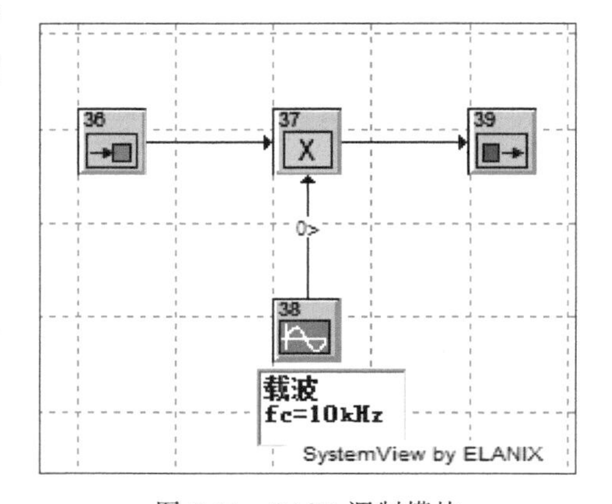

图 5-11　2ASK 调制模块

对图 5-11 中子模块的说明如下：

1）Token36：基带信号输入端口。

2）Token37：乘法器。

3）Token38：载波信号，载波幅度 $A=1\mathrm{V}$，载波频率 $f_{\mathrm{c}}=10\mathrm{kHz}$。

4）Token39：2ASK 调制信号输出端口。

（2）2ASK 解调模块设计

2ASK 可通过包络检波进行非相干解调，其结构简单，通过全波整流电路和低通滤波电路即可实现对 2ASK 信号的非相干解调，其解调模块如图 5-12 所示。

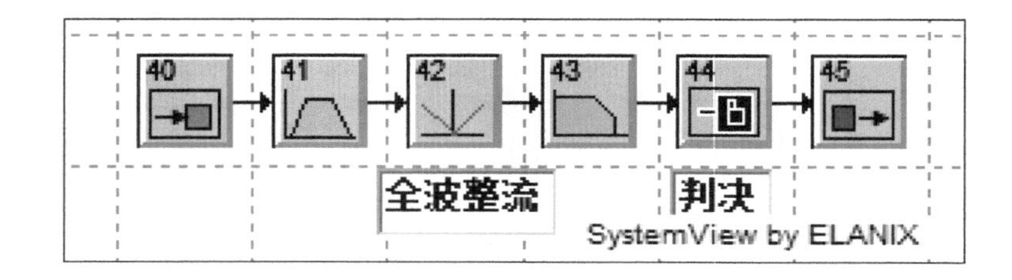

图 5-12　2ASK 解调模块

对图 5-12 中子模块的说明如下：

1）Token40：2ASK 调制信号输入端口。

2）Token41：带通滤波器，使用三阶 Butterworth 带通滤波器实现，在此次仿真中设置 Low cuttoff = 8.5kHz，Hi cuttoff = 11.5kHz。

3）Token42：全波整流电路。

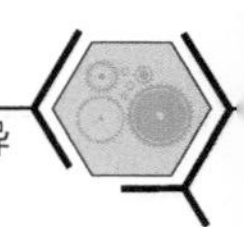

4）Token43：低通滤波器，使用6个极点的Butterworth滤波器实现，Low cutoff=1kHz。

5）Token44：判决，当信号幅度大于0.36V时判决为1，否则为0。

6）Token45：解调信号输出端口。

（3）2ASK调制、解调模块仿真验证

为了验证本课题中设计的2ASK调制、解调模块的合理性，通过SystemView对2ASK调制、解调模块进行了仿真，搭建的仿真验证模型如图5-13所示。考虑到信道中噪声对信号的影响，在仿真模型中加入了高斯白噪声（Token49），以模拟真实的信道环境。

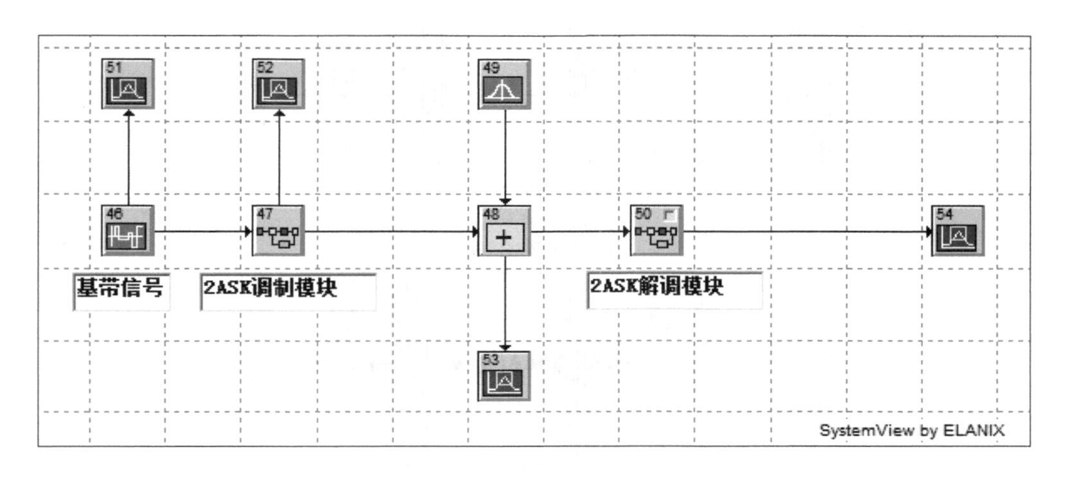

图5-13　2ASK调制、解调模块仿真模型

对图5-13中子模块的说明如下：

1）Token46：基带信号，本次仿真中基带信号幅度$A=1\text{V}$，符号速率$R_b=1\text{kbit/s}$。

2）Token47：如图5-11所示的2ASK调制模块。

3）Token48：加法器。

4）Token49：高斯白噪声，标准差设置为0.1。

5）Token50：如图5-12所示的2ASK解调模块。

6）Token51：显示基带信号波形。

7）Token52：显示2ASK调制信号波形。

8）Token53：显示加入噪声的2ASK调制信号波形。

9）Token54：显示解调后的信号波形。

图5-14所示为2ASK调制、解调模块仿真结果，图5-14a所示为基带信号波形图；图5-14b所示为2ASK调制信号波形图；图5-14c所示为加入噪声后的2ASK调制信号波形图；图5-14d所示为解调后的信号波形图。图5-14d所示的波形稍滞后于图5-14a所示波形，这是由调制、解调模块的系统响应所导致的延时。根据仿真结果，本课题所设计的2ASK调制和解调模块能正确对模拟基带信号进行2ASK调制和解调。

4. 2PSK调制、解调模块设计与仿真

（1）2PSK调制模块设计

2PSK利用载波的不同相位来表示数字信息“0”和“1”，当相位为π时代表“0”，

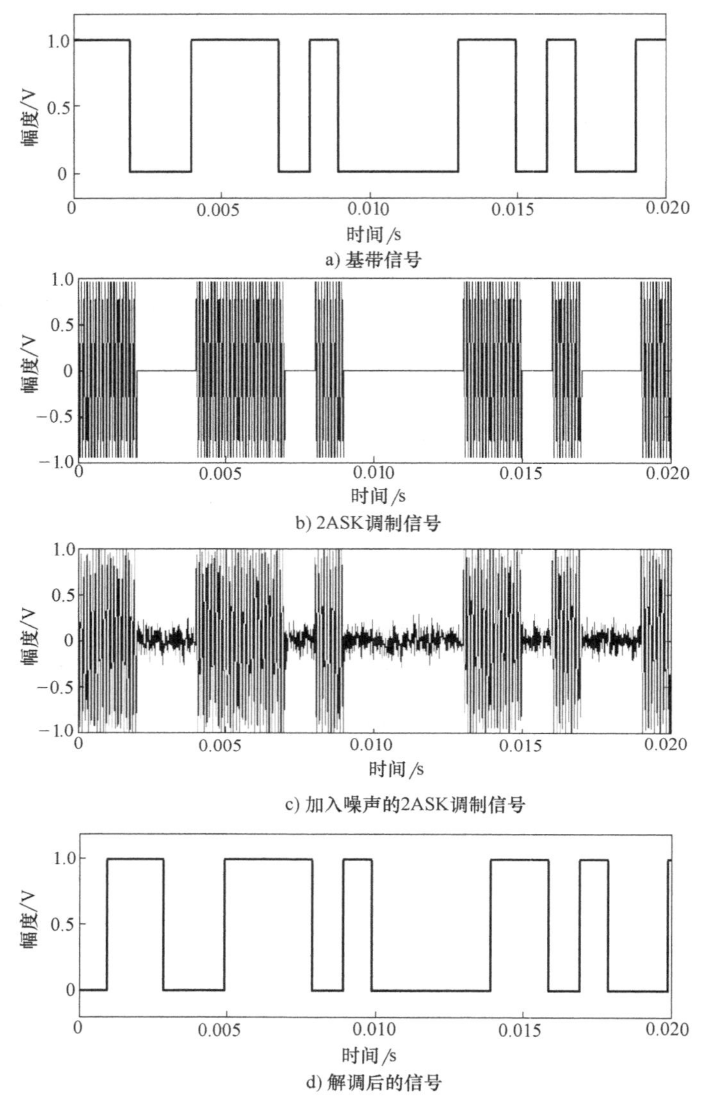

图 5-14　2ASK 调制、解调仿真结果

当相位为 0 时代表“1”。当载波频率为基带符号速率的整数倍时，双极性矩形脉冲信号与载波信号直接相乘即可获得 2PSK 调制信号，2PSK 调制模块如图 5-15 所示。

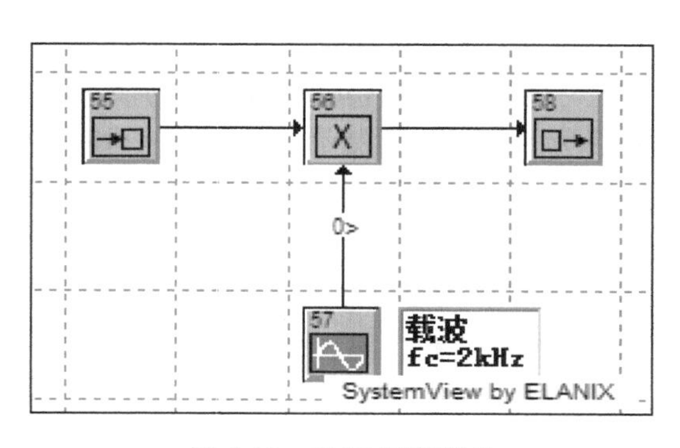

图 5-15　2PSK 调制模块

对图 5-15 中子模块的说明如下：

1）Token55：基带信号输入端口。

2）Token56：乘法器。

3）Token57：载波信号，载波幅度 $A_c = 1V$，载波频率 $f_c = 2kHz$。

4）Token58：2PSK 调制信号输出

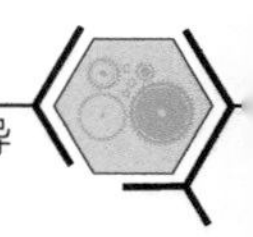

端口。

（2）2PSK 解调模块设计

本课题设计的 2PSK 解调模块采用相干解调法，即输入的调制信号经过带通滤波器滤除带外噪声后，与本地载波相乘，再经由低通滤波器获得解调后的基带信号波形。2PSK 解调模块如图 5-16 所示。

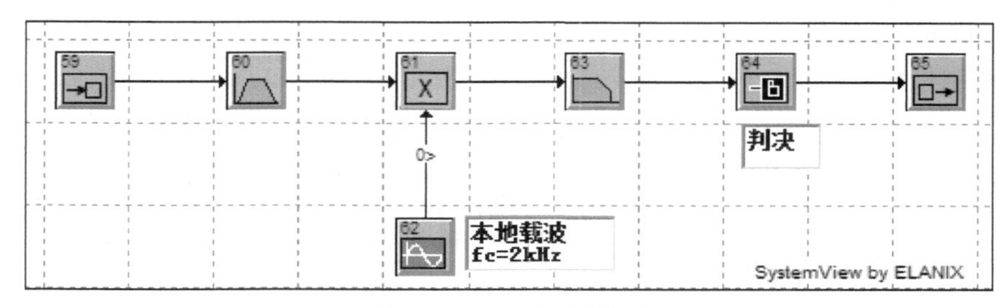

图 5-16　2PSK 解调模型

对图 5-16 中子模块的说明如下：

1）Token59：2PSK 调制信号输入端口。

2）Token60：带通滤波器，使用四阶 Butterworth 滤波器实现，Low cuttoff = 1kHz，Hi cuttoff = 3kHz。

3）Token61：乘法器。

4）Token62：本地载波，幅度 $A_c = 1V$，频率 $f_c = 2kHz$。

5）Token63：低通滤波器，使用 4 个极点的 Butterworth 滤波器实现，Low cutoff = 1. 5kHz。

6）Token64：判决，当信号幅度大于 0V 时判决为 1，否则为 0。

7）Token65：解调信号输出端口。

（3）2PSK 调制、解调模块仿真验证

为了验证本课题中设计的 2PSK 调制、解调模块的合理性，通过 SystemView 对 2PSK 调制、解调模块进行了仿真，搭建的仿真验证模型如图 5-17 所示。考虑到信道中噪声对信号的影响，在仿真模型中加入了高斯白噪声（Token69），以模拟真实的信道环境。

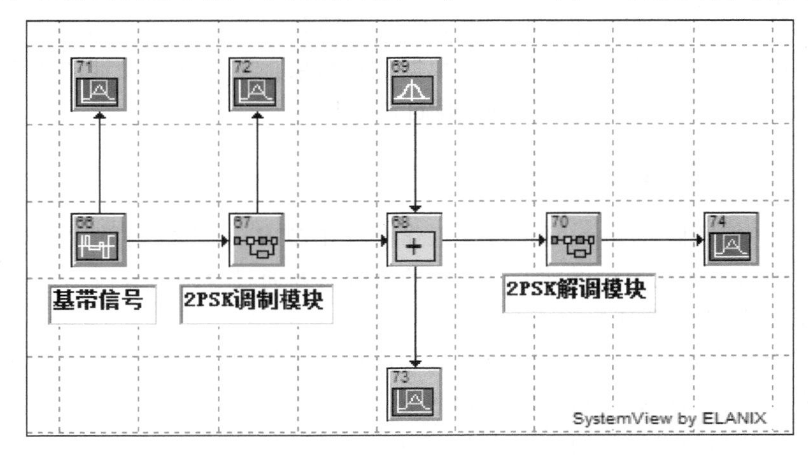

图 5-17　2PSK 调制、解调模块仿真模型

对图 5-17 中子模块的说明如下：

1） Token66：基带信号，本次仿真中基带信号幅度 $A=1\mathrm{V}$，符号速率 $R_{\mathrm{b}}=1\mathrm{kbit/s}$。

2） Token67：如图 5-15 所示的 2PSK 调制模块。

3） Token68：加法器。

4） Token69：高斯白噪声，标准差设置为 0.2V。

5） Token70：如图 5-16 所示的 2PSK 解调模块。

6） Token71：显示基带信号波形。

7） Token72：显示 2PSK 调制信号波形。

8） Token73：显示加入噪声的 2PSK 调制信号波形。

9） Token74：显示解调后的信号波形。

图 5-18 所示为 2PSK 调制、解调模块仿真结果，图 5-18a 所示为基带信号波形图；图 5-18b 所示为 2PSK 调制信号波形图；图 5-18c 所示为加入噪声后的 2PSK 调制信号波形图；图 5-18d 所示为解调后的信号波形图。图 5-18d 所示的波形稍滞后于图 5-18a 所示波形，这是由调制、解调模块的系统响应所导致的延时。根据仿真结果，本课题所设计的 2PSK 调制和解调模块能正确对模拟基带信号进行 2PSK 调制和解调。

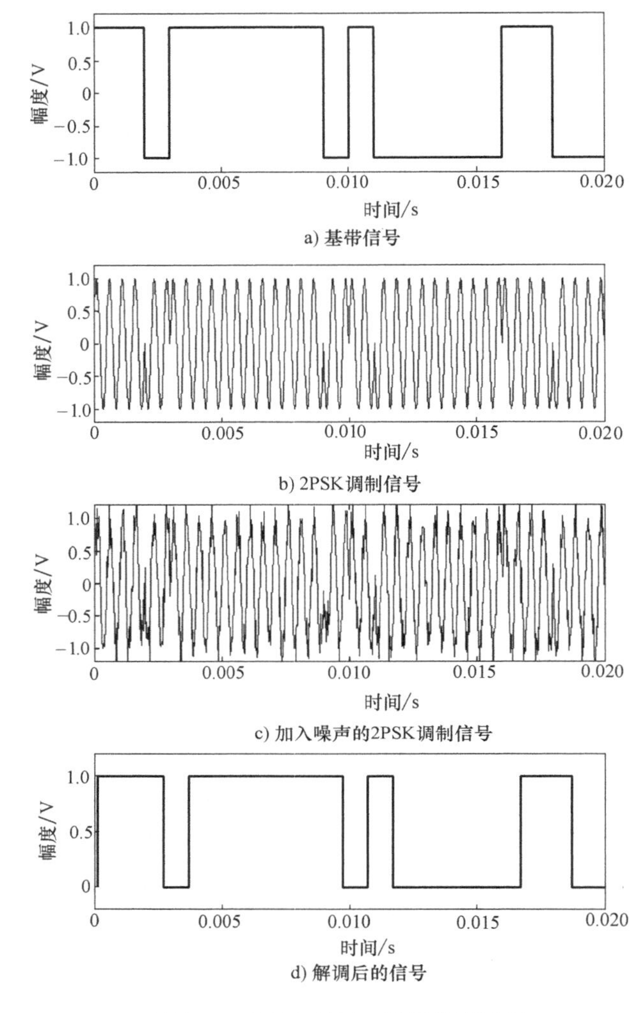

图 5-18　2PSK 调制、解调仿真结果

5.1.4　射频模块设计与仿真

在本次设计中，射频模块包括适合于工作频段在 2GHz 以下的射频发送模块和接收模块，更高频段的射频模块通过增加上下变频的级数，并通过合理的滤波即可实现。

1. 射频发送模块的设计

射频发送模块将基带调制模块输出的信号进行上变频和放大后，以电磁波的形式发送出去。射频发送模块的电路结构如图 5-19 所示。

本课题设计的射频发送模块如图 5-20 所示。

对图 5-20 中子模块的说明如下：

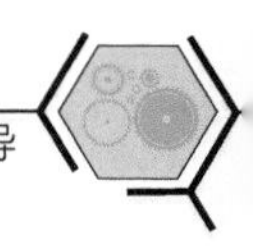

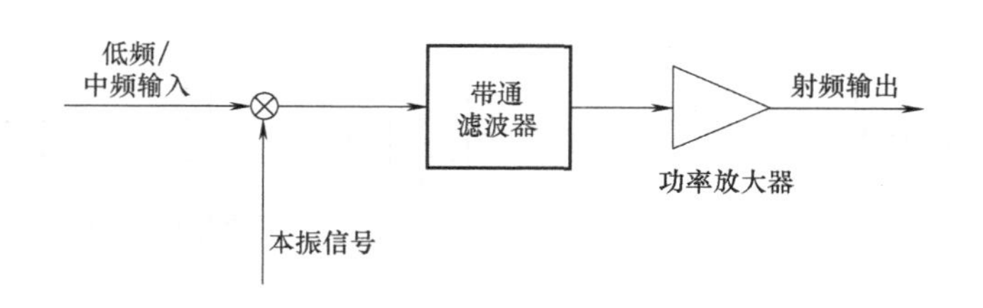

图 5-19　射频发送模块的电路结构

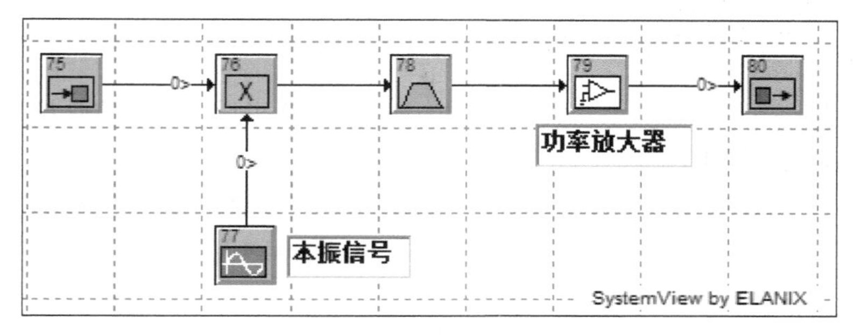

图 5-20　射频发送模块

1）Token75：低频/中频输入端口。

2）Token76：乘法器。

3）Token77：本振信号，本次仿真设置的幅度 $A_{LO}=1V$，频率 $f_{LO}=102MHz$。

4）Token78：带通滤波器，由五阶 Chebyshev 滤波器实现，本次仿真设置 Low cutoff=99MHz，Hi cutoff=101MHz。

5）Token79：功率放大器，本次仿真设置增益 $G=5dB$，1dB 压缩点 OutPut1dB = 10dBm，三阶交调 Out IP3 =20dBm，噪声系数 Noise Figure=5dB。

6）Token80：射频输出端口。

2. 射频接收模块的设计

射频接收模块将接收到的射频信号经过滤波、放大、下变频后，使输出的信号能经由基带模块进行处理。射频接收模块是一个较为复杂的系统，需要考虑工作频率、增益、噪声系数、信号带宽、线性度等多方面的因素，其具体电路结构如图 5-21 所示。

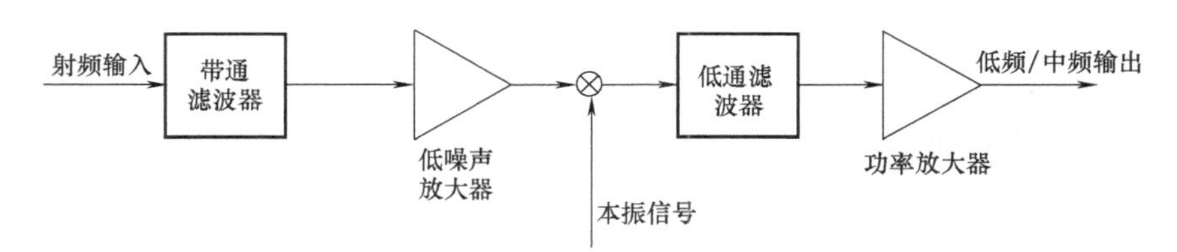

图 5-21　射频接收模块的电路结构

本课题设计的射频接收模块如图 5-22 所示。

对图 5-22 中子模块的说明如下：

1）Token81：射频信号输入端口。

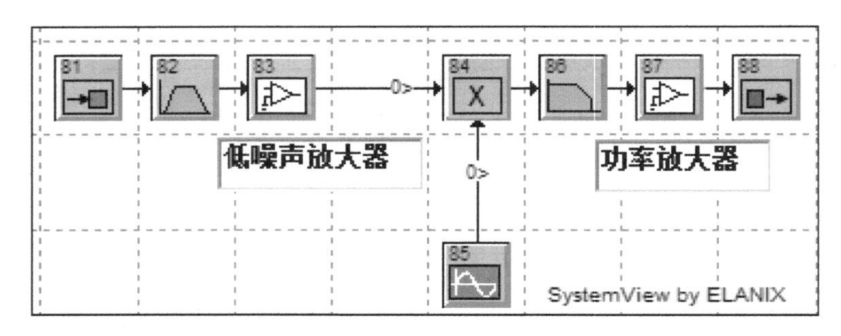

图 5-22 射频接收模块

2）Token82：带通滤波器，由五阶 Chebyshev 滤波器实现，本次仿真设置 Low cutoff = 98MHz，Hi cutoff = 102MHz。

3）Token83：低噪声放大器，本次仿真设置增益 $G = 18\text{dB}$，1dB 压缩点 OutPut1dB = 0dBm，三阶交调 Out IP3 = 10dBm，噪声系数 Noise Figure = 1.5dB。

4）Token84：乘法器。

5）Token85：本振信号，本次仿真使用的本振信号幅度 $A_{LO} = 1\text{V}$，频率 $f_{LO} = 102\text{MHz}$。

6）Token86：低通滤波器，由具有 6 个极点的 Butterworth 滤波器实现，Low cuttoff = 10MHz。

7）Token87：功率放大器，本次仿真设置增益 $G = 28\text{dB}$，1dB 压缩点 OutPut1dB = 10dBm，三阶交调 Out IP3 = 15dBm，噪声系数 Noise Figure = 5dB。

8）Token88：低频/中频输出端口。

3. 射频收发模块仿真验证

为了验证本课题中设计的射频收发模块的合理性，通过 SystemView 对射频收发模块进行了仿真，搭建的仿真验证模型如图 5-23 所示。考虑到信道中噪声对信号的影响和信号在无线传输过程中的衰减，在仿真模型中加入了高斯白噪声（Token92）和衰减器（Token93），以模拟真实的信道环境。

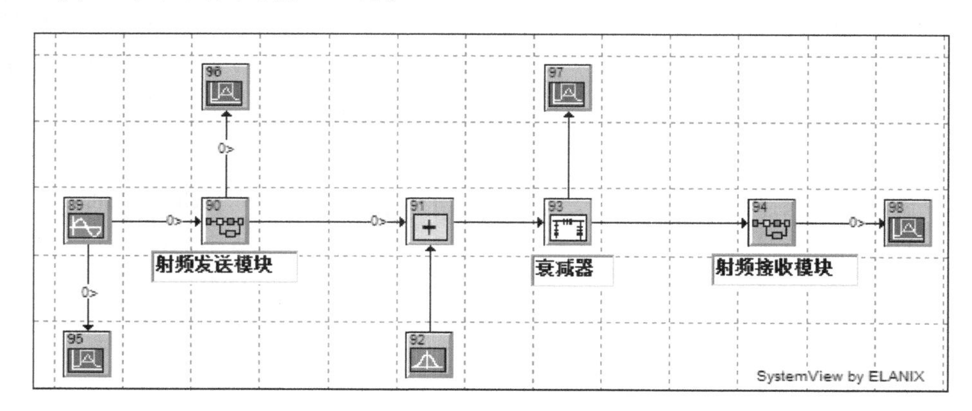

图 5-23 射频收发模块仿真模型

对图 5-23 中子模块的说明如下：

1）Token89：低频/中频信号发生器，本次仿真使用正弦波，幅度 $A = 1\text{V}$，频率

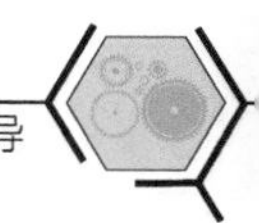

$f = 2\text{MHz}$。

2）Token90：如图 5-20 所示的射频发送模块。

3）Token91：加法器。

4）Token92：高斯白噪声，标准差设置为 0.2V。

5）Token93：衰减器，衰减值 Loss = 40dB。

6）Token94：如图 5-22 所示的射频接收模块。

7）Token95：显示输入射频发送模块的低频/中频信号波形。

8）Token96：显示射频发送模块输出的射频信号波形。

9）Token97：显示射频接收模块接收到的射频信号波形。

10）Token98：显示射频接收模块输出的低频/中频信号波形。

图 5-24 所示为射频收发模块仿真结果，图 5-24a 所示为输入射频发送模块的低频信号波形；图 5-24b 所示为射频发送模块输出的射频信号波形；图 5-24c 所示为射频发送模块输出的射频信号幅度谱；图 5-24d 所示为射频接收模块接收到的射频信号波形；图 5-24e 所示为射频接收模块输出的低频信号波形。图5-24e 所示的波形稍滞后于图 5-24a 所示波形，这是由射频收发模块的系统响应所导致的延时。根据仿真结果，本课题所设计的射频收发模块能正常工作。

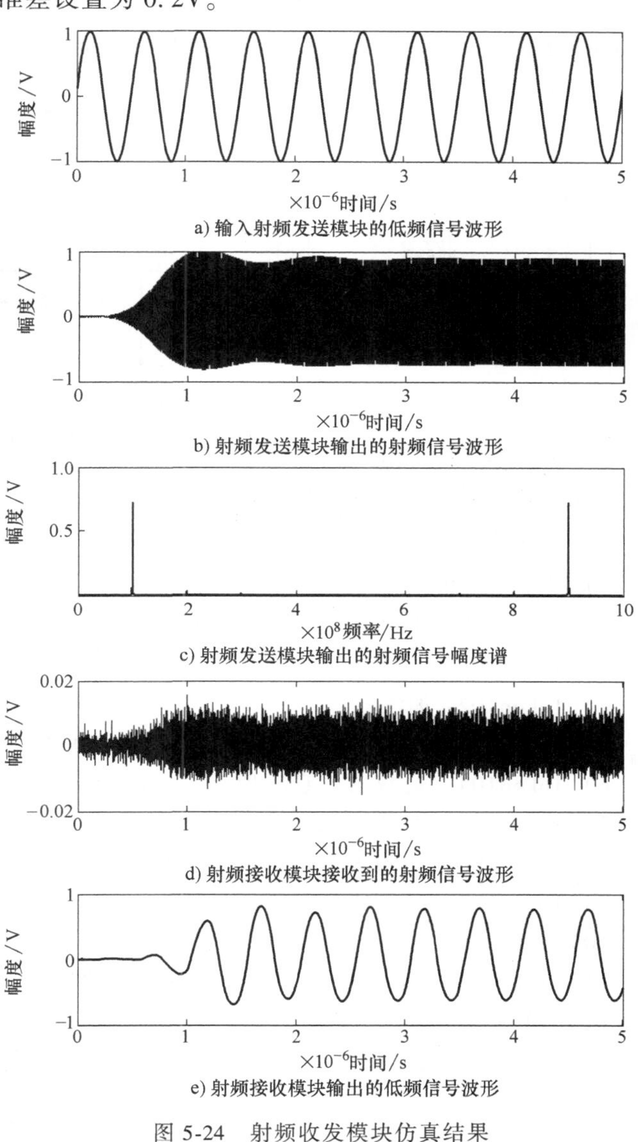

图 5-24　射频收发模块仿真结果

5.1.5　无线通信系统模块组合实例

1. AM 广播通信系统设计与仿真

（1）系统模型设计

AM 广播通信对语音进行 AM 调制，使用中波频段进行通信，频率范围为 531k ~ 1602kHz。通过 AM 调制模块和射频发送模块的组合，只需要对模块参数进行调整即可实

现 AM 广播信号的发送；通过 AM 解调模块和射频接收模块的组合，只需要对 AM 广播信号进行接收和解调，可获取最终的音频信号。

对 AM 广播通信系统的设计和仿真如图 5-25 所示。考虑到 AM 广播信号在信道中传输会受到噪声的干扰，因此在模型中加入了高斯白噪声（Token103）；且考虑到无线通信中的路径损耗，在系统模型中加入了 38dB 的衰减（Token104）。

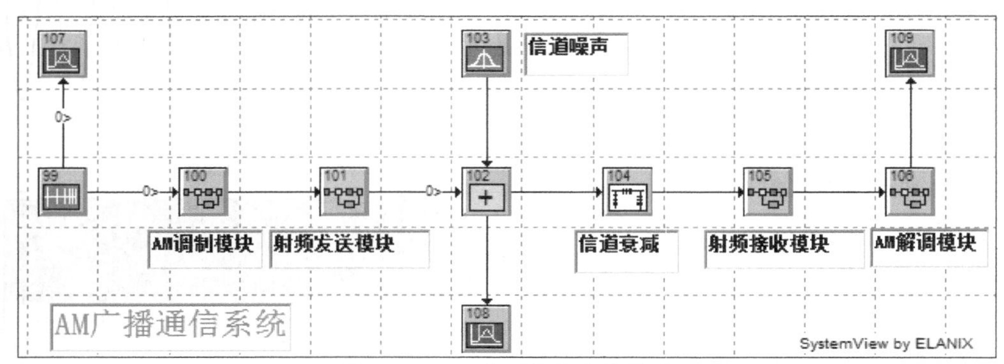

图 5-25　AM 广播通信系统模型

对图 5-25 中系统模型的说明如下：

1）Token99：语音基带信号，扫频信号幅度 $A=1\text{V}$，扫频起始频率 Start Freq = 30Hz，扫频结束频率 Stop Freq = 2kHz。

2）Token100：如图 5-3 所示的 AM 调制模块。

3）Token101：如图 5-20 所示的射频发送模块。

4）Token102：加法器。

5）Token103：高斯白噪声，标准差设置为 0.2V。

6）Token104：衰减器，衰减值 Loss = 38dB。

7）Token105：如图 5-22 所示的射频接收模块。

8）Token106：如图 5-4 所示的 AM 解调模块。

9）Token107：显示语音基带信号波形。

10）Token108：显示加噪的射频信号波形。

11）Token109：显示最终获得的语音信号波形。

（2）模块参数配置

根据 AM 广播通信系统的需求，对各模块参数进行配置，配置参数表见表 5-1。

表 5-1　AM 广播通信系统各模块参数列表

模块类型	Token 序号	功能	参数设置
AM 调制模块	1	载波信号	$A_c=1\text{V}, f_c=50\text{kHz}$
	3	线性放大器	$G=0.5$
射频发送模块	77	本振信号	$A_{LO}=1\text{V}, f_{LO}=750\text{kHz}$
	78	带通滤波器	Low cutoff = 650kHz, Hi cutoff = 750kHz
	79	功率放大器	G = 5dB, OutPut1dB = 10dBm, Out IP3 = 20dBm, Noise Figure = 5dB

（续）

模块类型	Token 序号	功能	参数设置
射频接收模块	82	带通滤波器	Low cutoff = 680kHz, Hi cutoff = 720kHz
	83	低噪声放大器	G = 18dB, OutPut1dB = 0dBm, Out IP3 = 10dBm, Noise Figure = 1.5dB
	85	本振信号	A_{LO} = 1V, f_{LO} = 750kHz
	86	低通滤波器	Low cuttoff = 80kHz
	87	功率放大器	G = 28dB, OutPut1dB = 10dBm, Out IP3 = 15dBm, Noise Figure = 5dB
AM 解调模块	8	低通滤波器	Low cutoff = 2.2kHz
	9	本地载波	A_c = 1V, f_c = 50kHz

（3）系统仿真结果

为了验证整个 AM 广播通信系统的工作性能，对设计的 AM 广播通信系统进行了仿真。仿真结果如图 5-26 所示。图 5-26a 所示为语音基带信号波形；图 5-26b 所示为加入噪声后的射频信号波形；图 5-26c 所示为加入噪声后的射频信号幅度谱；图 5-26d 所示为接收到的语音信号波形，接收到的信号具有直流分量，这是调制过程叠加了直流分量的结果。根据图 5-26 所示的仿真结果，可以看到信号经过 AM 调制和射频发送模块后，语音基带信号被调制和上变频到 700kHz 频段上，并经过射频接收模块和 AM 解调模块后能够获得正确的信号波形。

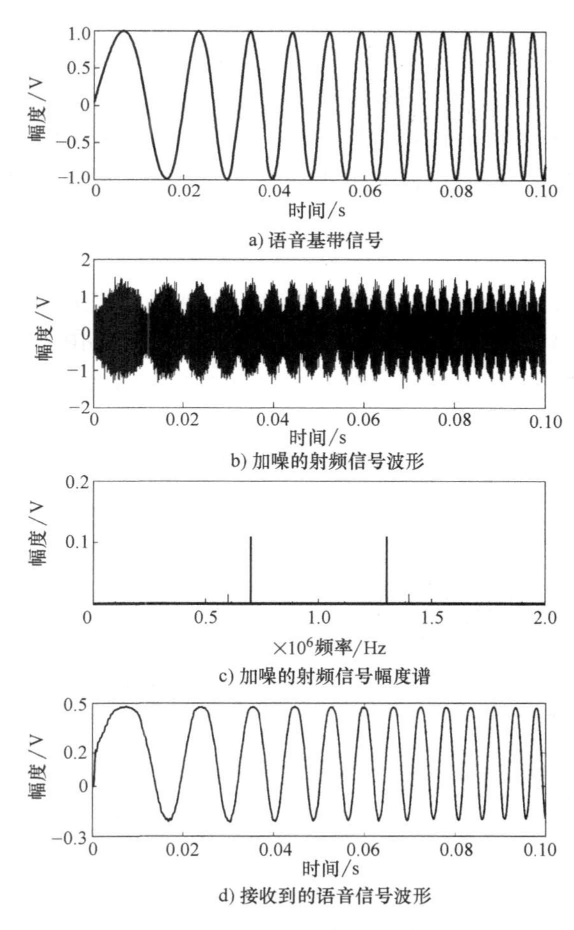

图 5-26 AM 广播通信系统仿真结果

2. Argos 通信系统设计与仿真

（1）系统模型设计

Argos 通信系统为卫星通信系统，通过卫星发射平台采集各种传感器测量的环境信息，并把结果发送给卫星。Argos 通信系统的信号频率为 401.65MHz，调制方式为 2PSK，符号速率为 400bit/s。通过 2PSK 调制模块和射频发送模块的组合，只需要对模块参数进行调整即可实现 Argos 通信信号的发送；通过 2PSK 解调模块和射频接收模块的组合，只需要对 Argos 通信信号进行接收和解调，可获取最终的 Argos 数据信息。

对 Argos 通信系统的设计和仿真如图 5-27 所示。考虑到 Argos 广播信号在信道中传输会受到噪声的干扰，因此在模型中加入了高斯白噪声（Token114），且考虑到无线通信中的路径损耗，在系统模型中加入了 49dB 的衰减（Token115）。

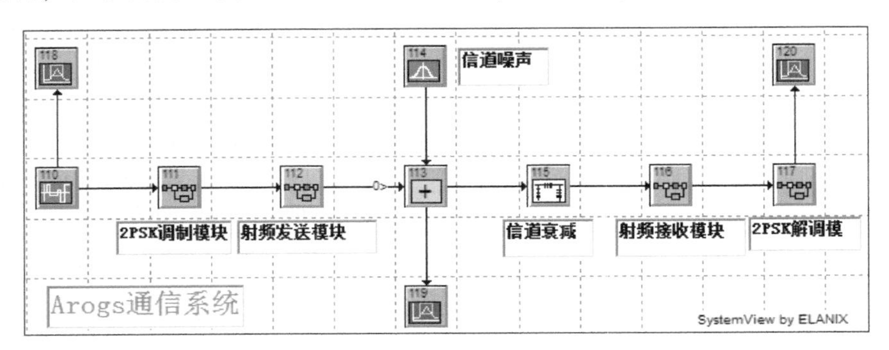

图 5-27　Argos 通信系统模型

对图 5-27 中系统模型的说明如下：

1）Token110：基带信号，本次仿真中基带信号幅度 $A=1\text{V}$，符号速率 $R_b=400\text{bit/s}$。

2）Token111：如图 5-15 所示的 2PSK 调制模块。

3）Token112：如图 5-20 所示的射频发送模块。

4）Token113：加法器。

5）Token114：高斯白噪声，标准差设置为 0.2V。

6）Token115：衰减器，衰减值 Loss = 49dB。

7）Token116：如图 5-22 所示的射频接收模块。

8）Token117：如图 5-16 所示的 2PSK 解调模块。

9）Token118：显示基带信号波形。

10）Token119：显示加噪的射频信号波形。

11）Token120：显示最终获得的基带信号波形。

（2）模块参数配置

根据 Argos 通信系统的需求，对各模块参数进行配置，配置参数表见表 5-2。

表 5-2　Argos 通信系统各模块参数列表

模块类型	Token 序号	功能	参数设置
2PSK 调制模块	57	载波信号	$A_c=1\text{V}, f_c=4\text{MHz}$
射频发送模块	77	本振信号	$A_{LO}=1\text{V}, f_{LO}=405.65\text{MHz}$
	78	带通滤波器	Low cutoff = 397.65MHz, Hi cutoff = 405.65MHz
	79	功率放大器	G = 5dB, OutPut1dB = 10dBm, Out IP3 = 20dBm, Noise Figure = 5dB
射频接收模块	82	带通滤波器	Low cutoff = 397.65MHz, Hi cutoff = 405.65MHz
	83	低噪声放大器	G = 22dB, OutPut1dB = 0dBm, Out IP3 = 10dBm, Noise Figure = 1.5dB
	85	本振信号	$A_{LO}=1\text{V}, f_{LO}=405.65\text{MHz}$

（续）

模块类型	Token 序号	功能	参数设置
射频接收模块	86	低通滤波器	Low cuttoff = 6MHz
	87	功率放大器	G = 35dB, OutPut1dB = 10dBm, Out IP3 = 15dBm, Noise Figure = 5dB
2PSK 解调模块	60	带通滤波器	Low cuttoff = 2MHz, Hi cuttoff = 6MHz
	62	本地载波	$A_c = 1\text{V}$, $f_c = 4\text{MHz}$
	63	低通滤波器	Low cuttoff = 6kHz
	64	判决	Threshold = 0V, True Output = 1, False Output = 0

（3）系统仿真结果

为了验证整个 Argos 通信系统的工作性能，对设计的 Argos 通信系统进行了仿真。仿真结果如图 5-28 所示。图 5-28a 所示为基带信号波形；图 5-28b 所示为加入噪声后的射频信号波形；图 5-28c 所示为加入噪声后的射频信号幅度谱；图 5-28d 所示为接收到的基带信号波形。根据图 5-28所示的仿真结果，可以看到信号经过 2PSK 调制和射频发送模块后，基带信号被调制和上变频到 401.65MHz 频段上，并经过射频接收模块和 2PSK 解调模块后能够获得正确的信号波形。

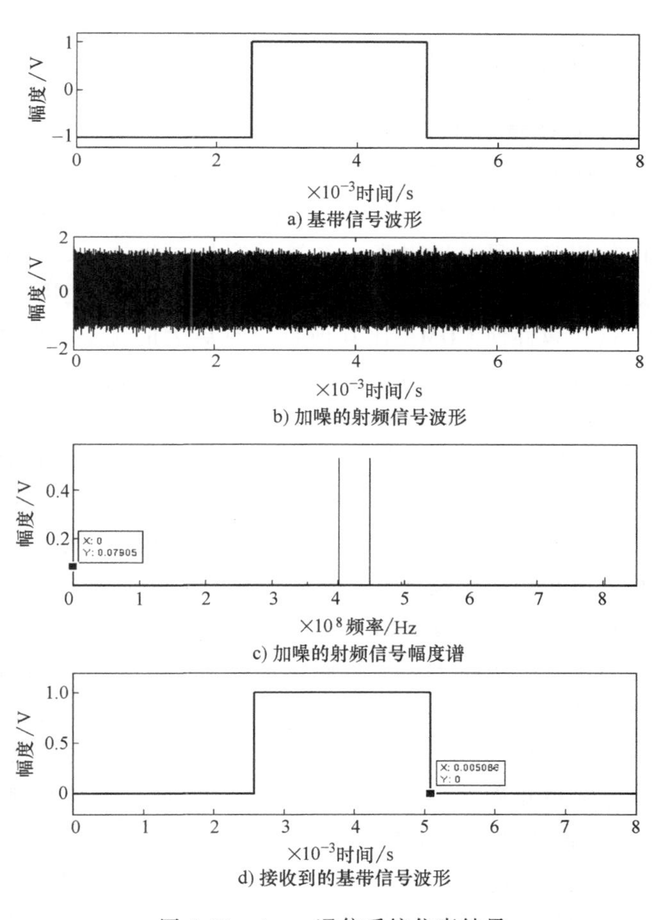

图 5-28　Argos 通信系统仿真结果

5.1.6　总结及展望

本设计实现了对无线通信收发系统的模块化，将无线通信收发系统分为基带调制模块、射频发送模块、射频接收模块和基带解调模块，通过不同模块的组合实现了不同通信收发系统的设计和仿真。但由于设计者精力和能力有限，该设计存在需要改进的部分：

1）无线通信收发系统所包含的范围非常之广，基带和射频模块可实现的功能远远不止本课题所涉及的功能，因此需要设计更多的模块以适用于更多的信号类型，如基带的 QPSK 调制、QAM 调制等，再如工作于 2GHz 以上甚至更高频段的射频模块等。

2）无线通信收发系统不仅仅包括了基带的调制和解调、射频的上下变频和放大、滤

波等，还有信源编解码、信道编解码等功能，考虑到系统的设计复杂程度，本次设计仅考虑了基带调制、解调和射频前端的部分功能。

在以后的设计中，可针对存在的上述问题加以改进，对无线通信收发系统模块加以完善：

1）对更多的信号类型进行分析，实现适用于更多信号类型的各种基带和射频模块设计。

2）进一步增加无线通信收发系统可实现的功能，以完善整个系统的功能。

5.2 基于 Simulink 的多用户 CDMA 通信系统设计与仿真（案例 2）

5.2.1 课题综述

1. 选题背景和依据

CDMA 是在扩频通信的基础上发展起来的，CDMA 通过不同的伪随机码对用户信息进行扩频，从而实现不同的用户信息在同一频段和同一时刻的传输，极大地提高了带宽和时隙的使用率，显著地提高了系统的容量。此外，CDMA 系统具有抗干扰性好、抗多径衰落、保密安全性高、同频率可在多个小区内重复使用、容量和质量之间可做权衡取舍等属性。这些属性使 CDMA 比其他系统有更大的优势。随着通信技术的不断发展，CDMA 通信系统现今在整个通信界具有举足轻重的作用。

总的来说，CDMA 通信系统的关键在于如何将不同用户的信息区分开来，实现多用户的信息传输。本课题的目的是设计可以实现多用户通信的 CDMA 通信系统，多用户可以共用同一系统中的同一频段在同一时刻通信，从而实现大容量、高性能的多址通信系统。

本课题旨在通过对 CDMA 系统中扩频模块、QPSK 调制模块、信道模块、QPSK 解调模块、解扩模块的设计，实现多用户 CDMA 通信系统的搭建。此外，对 CDMA 系统建立仿真模型不仅可以减少研究成本，通过仿真结果衡量方案的可行性，选择正确的参数对系统进行配置，也将大大缩短研制周期。Matlab 的 Simulink 仿真软件为多用户 CDMA 通信系统的搭建提供了良好的仿真平台，通过 Simulink 仿真平台对各个模块的性能和整个系统的功能进行仿真，完成各个模块的参数设置，并对仿真的波形、频谱等结果进行分析，以验证系统的正确性和可行性，从而大幅度降低系统研制成本，缩短系统研制周期。

2. 解决的主要问题

本课题中的多用户 CDMA 通信系统的设计和仿真通过扩频和解扩来实现多址通信，即不同的用户使用不同的伪随机码，从而实现多用户的发送和接收，并通过 QPSK 调制和解调来实现信息在通道中的传输。

本设计中主要解决的问题如下：

1）扩频和解扩的实现。CDMA 技术是在扩频技术的基础上发展起来的，因此扩频也成为该系统的关键技术，伪随机码的长度和选择关系到系统能容纳的用户数量，伪随机码的相关性关系到系统的抗干扰能力。解扩采用相关接收方法实现，由于不同伪随机码之间不具有相关性，而两个相同的伪随机码完全相关，因此相关接收是将目的用户从其他用户

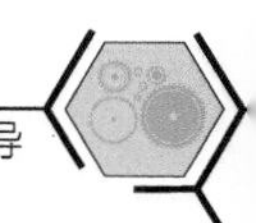

信息中剥离出来的关键一步。

2）QPSK 调制和解调的实现。QPSK 的调制将二进制序列分为每 2bit 一组，不同的组合方式通过不同的相位来实现。如何实现对相位的映射，并将信号调制到载波上是 QPSK 调制需要解决的问题；而 QPSK 的解调与 QPSK 调制的过程正好相反。

3）仿真模型的建立、参数的设置和仿真调试。使用 Simulink 平台对所设计的多用户 CDMA 系统进行仿真，需要建立一个较为复杂的模型，并对整个系统进行分析，实现各个模块的参数配置。比如，在解调和解扩过程中使用的滤波器带宽的设置，需要权衡整个系统的性能，不同模块之间要相互协同工作，一个参数的配置可能会影响好几个其他模块的性能，因此参数设置也是系统设计的重点。在仿真调试过程中，可能会出现某些模块结构或者参数设置不合理的情况，需要对仿真模型和参数进行调试，该过程是烦琐细致的工作。

4）仿真结果的分析。最终对仿真结果进行分析，根据信号的波形、频谱等结果来验证系统的不同模块甚至整个系统是否能合理有效地运行。

3. 设计步骤、方法或措施

设计流程图如图 5-29 所示。对设计流程的说明如下：

① 系统初步规划。对系统进行初步设计，对系统需要哪些模块、模块需实现什么功能进行分析，形成系统的大致框架。

② 模块设计。根据步骤①中所设计的系统框架，对框架中的各个模块进行具体设计，从而使得各个模块能够实现各自的功能。

③ 整体系统搭建。将步骤②中的各个模块进行连接，实现整体系统的设计。

④ 建立仿真模型。根据步骤③中设计的整体系统，通过 Simulink 平台建立仿真模型。

⑤ 参数设置和仿真调试。对仿真模型中各个模块的参数进行设置，并进行仿真调试。

⑥ 仿真结果分析。观察信号的波形、频谱等仿真结果，并对仿真结果进行判断，若仿真结果不满足系统需求，则需要重复步骤⑤；若仿真结果满足系统需求，则说明所设计的系统合理并能正常运行，设计结束。

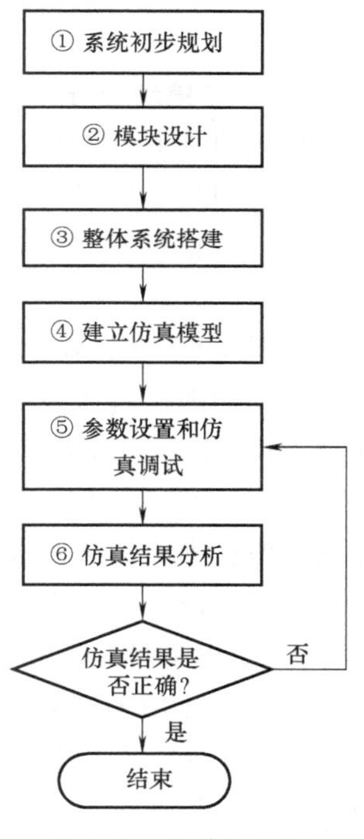

图 5-29　设计流程图

5.2.2　系统架构及模块设计

1. CDMA 系统架构设计

CDMA 是在扩频通信技术上发展起来的一种码分多址通信技术，系统给每个用户分配各自特定的扩频码，扩频码之间相互正交，从而使多用户信息可以在频率、时间和空间上重叠。

CDMA 系统的发送端利用不同的高速伪随机码对低速率信息进行扩频，经由调制后发

送出去；接收端将接收到的信号进行解调后，通过与发送端相同的伪随机码对信号进行解扩，还原原始信息。设计多用户 CDMA 通信系统架构如图 5-30 所示。

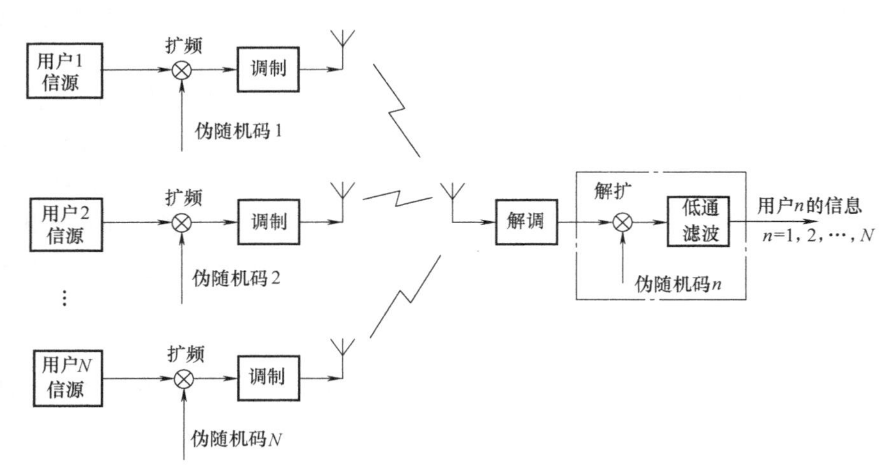

图 5-30　多用户 CDMA 通信系统框架

2. 扩频模块设计

扩频的基本方法有直接序列（DS）、跳频（FH）、跳时（TH）等，CDMA 通信系统是一种典型的直接序列扩频系统。直序扩频技术是指在发送端采用高速的伪随机码直接对信号进行频谱的扩展，在接收端用相同的伪随机码进行信号的解扩，将扩频信号还原出来。

不同用户使用不同的伪随机码，这些伪随机码相互正交。在实际的通信系统中可以利用不同的伪随机码作为不同用户的地址码，从而实现码分多址通信。常用的伪随机码有 m 序列、Walsh 序列及 GOLD 序列。本设计中的伪随机码（PN 码）采用 m 序列实现。

实际 CDMA 通信系统中的 PN 码常采用 15 级和 42 级的线性反馈移位寄存器产生的 m 序列，但在本次设计仿真中为了降低系统复杂度，只使用 6 级线性反馈移位寄存器产生的 m 序列，特征多项式为［1　6］，针对不同的用户，寄存器初始状态不同。

3. QPSK 调制模块设计

本系统使用 QPSK 对信号进行调制和解调。QPSK 是四相移相调制，利用载波的四种不同相位差来表征输入的数字信息。该调试方式将二进制序列分为每 2bit 一组，产生四种组合方式，即 11、01、00、10，并通过四种不同的相位来表示，如$\frac{\pi}{4}$、$\frac{3\pi}{4}$、$\frac{5\pi}{4}$和$\frac{7\pi}{4}$，$\frac{\pi}{4}$QPSK 对应的星座映射关系如图 5-31 所示。

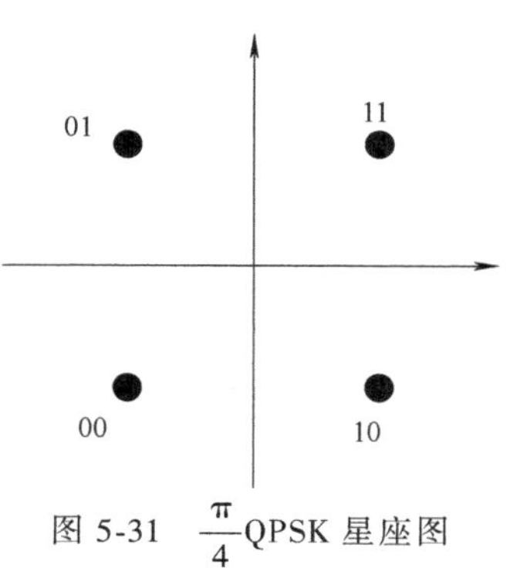

图 5-31　$\frac{\pi}{4}$QPSK 星座图

接收端收到某一码元的 QPSK 信号可表示为

$$y_i(t)=a\cos(2\pi f_c t+\varphi_n) \tag{5-5}$$

式中，a 是幅值；f_c 是载波频率；$\varphi_n=\frac{\pi}{4}$，$\frac{3\pi}{4}$，$\frac{5\pi}{4}$或$\frac{7\pi}{4}$。

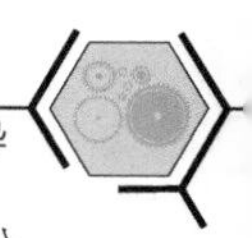

QPSK 调制原理框图如图 5-32 所示。其中，串/并转换模块是将码元序列进行 I/Q 分离，转换规则可以设定为奇数位为 I，偶数位为 Q。当对输入的二进制序列 a_n 进行串/并转换时，四种组合方式对应的 I 路、Q 路的极性和输出的信号相位见表 5-3。

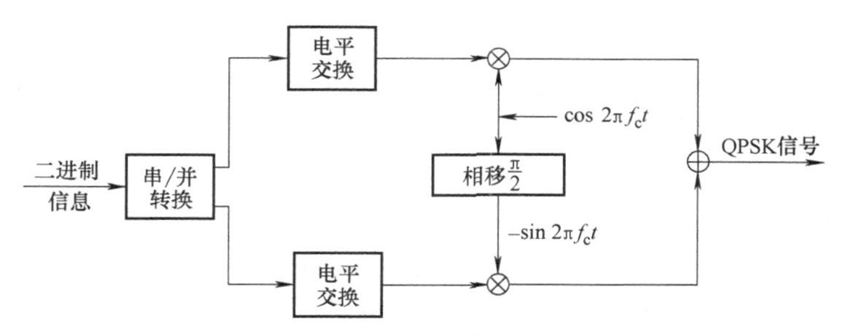

图 5-32　QPSK 调制原理图

表 5-3　QPSK 调制对应极性和相位关系

a_n	I 路	Q 路	信号相位
11	+	+	π/4
01	-	+	3π/4
00	-	-	5π/4
10	+	-	7π/4

4. QPSK 解调模块设计

QPSK 信号可以用两个正交的载波信号实现相干解调，解调原理如图 5-33 所示，正交路分别设置两个匹配滤波器，得到 I(*t*) 和 Q(*t*)，根据表 5-3 所示的极性和相位关系进行电平判决，最后进行并转串即可恢复出原始信息。

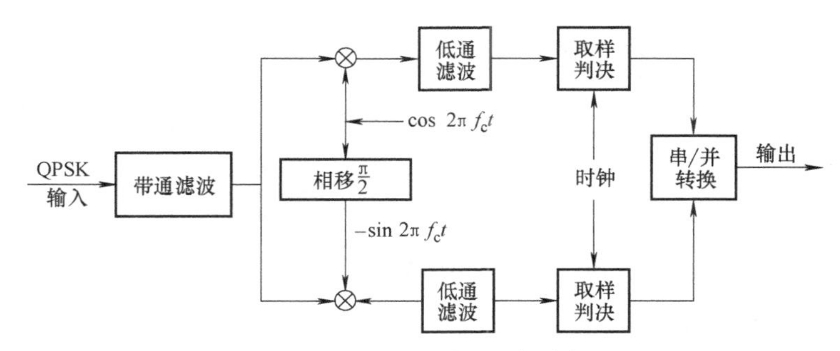

图 5-33　QPSK 解调原理图

5. 解扩模块设计

对扩频码的解扩通过相关检测来实现。相关检测的伪随机码为对应用户在进行扩频时使用的伪随机码，即通过 6 级线性反馈移位寄存器产生的 m 序列，特征多项式为 [1　6]，寄存器初始状态与对应用户在扩频中使用的初始状态相同。

在相关检测过程中，其他用户的信号会对本用户的检测产生干扰，被认为是噪声信号，因此需要通过低通滤波器滤除其他用户的信号干扰。滤波器的带宽应设置为略大于信息速率，本设计中用户信源的信息速率约为 158.73Hz，因此低通滤波器的通带频率设置为 200Hz，截止频率设置为 300Hz，采样速率为 10kHz。

5.2.3 多用户 CDMA 通信系统仿真模型设计

1. 总体仿真模型设计

多用户 CDMA 通信系统仿真模型设计如图 5-34 所示，为了使系统结构更加清晰简洁，省略了用于显示的部分模块。本次设计对两个用户的通信进行了仿真，在实际情况中，若使用本设计中所使用的特征序列［1 0 0 0 0 1 1］，可以实现 63 个用户的码分多址通信，若使用更长的特征序列，则可容纳更多的用户。图 5-34 中“User*N* data”表示第 *N* 个用户的数据，每个用户的数据经过扩频模块（DSSS_ T*N*，*N* 表示第 *N* 个用户），再将所有扩频后的信号进行 QPSK 调制；经过合路后，通过加性高斯白噪声（AWGN）信道，分路成两个通道，分别经过 QPSK 解调和相关接收模块（DSSS_ R*N*，*N* 表示第 *N* 个用户）完成对每个用户的数据接收，最后进行了误码率计算。

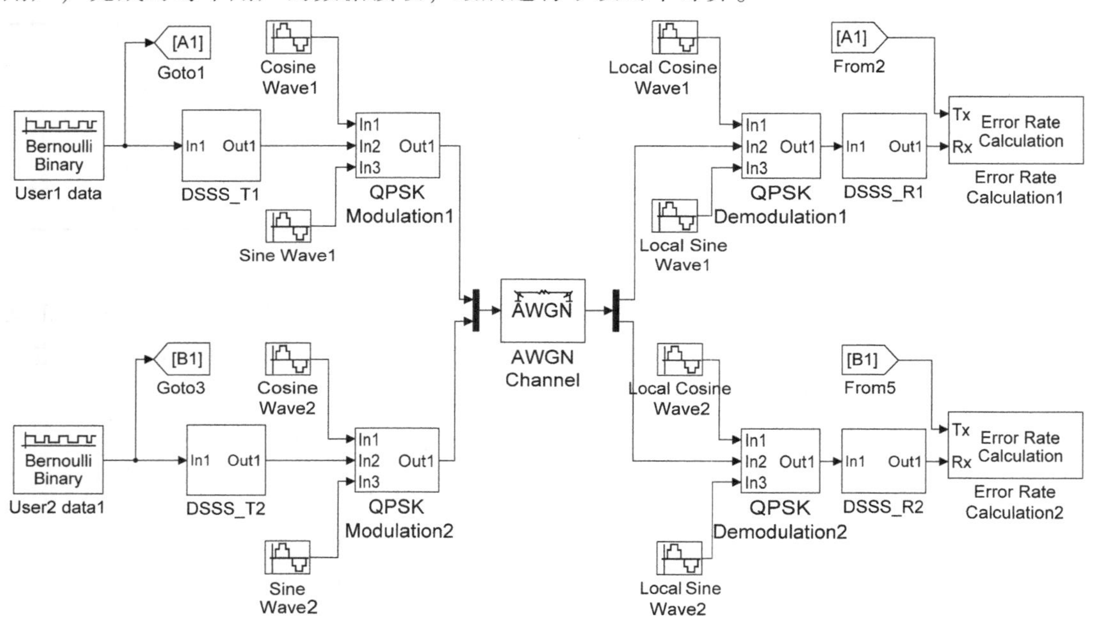

图 5-34 多用户 CDMA 通信系统仿真模型

2. 各模块设计和参数配置

(1) 信源模块设计

本设计采用的信源为二进制贝努利序列发生器（Bernoulli Binary Generator）。二进制贝努利序列发生器模块的示意图如图 5-35 所示。本设计中的两个信源均为二进制贝努利序列发生器，分别对应“User1 data”和“User2 data”。模块参数配置如图 5-36 所示，每个二进制数持续的时长为 6.3ms，此外，不同用户的 Initial seed 的取值不同，从而产生的序列将会不同。

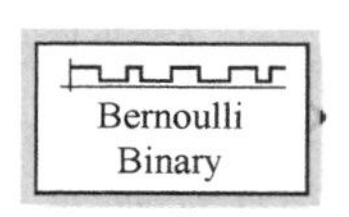

图 5-35 二进制贝努利序列发生器

(2) 扩频调制模块设计

扩频调制模块结构如图 5-37 所示。该模块的输入端口 In1 输入的为二进制贝努利序列，经过单/双极性的转换模块（Unipolar to Bipolar Converter）将单极性码元转换为了双极性码元，伪随机码序列发生器（PN Sequence Generator）产生 PN 序列，转换为双极性码后对双极性的二进制贝努利序列进行扩频处理。伪随机码序列发生器的参数配置如图 5-38 所示，“Generator polynomial”设置特征多项式；“Initial states”设置寄存器初始状态，每个用户的“Initial states”不同，以实现码分多址的功能。本设计中，User1 的“Initial states”为［0　0　0　0　0　1］；User2 的“Initial states”为［0　0　0　0　1　0］。

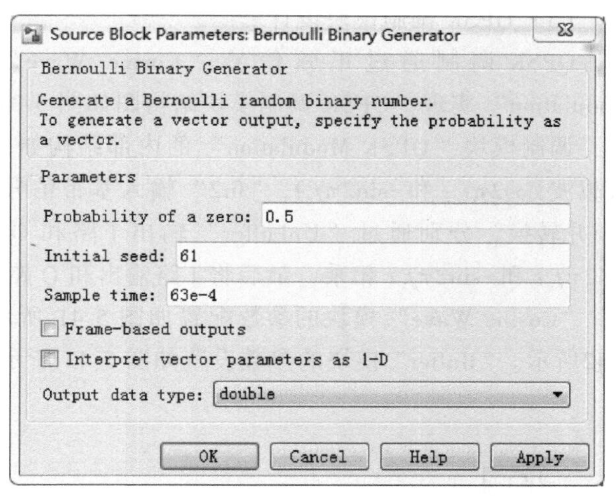

图 5-36　“Bernoulli Binary Generator”参数设置

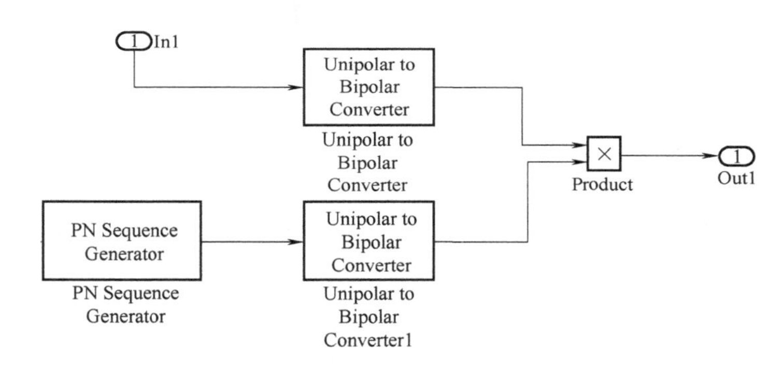

图 5-37　扩频调制模块结构图

Source Block Parameters: PN Sequence Generator

For variable-size output signals, the current output size is either specified from the 'oSiz' input or inherited from the 'Ref' input.

Parameters

Generator polynomial: [1 0 0 0 0 1 1]

Initial states: [0 0 0 0 0 1]

Output mask source: Dialog parameter

Output mask vector (or scalar shift value): 0

Output variable-size signals

Sample time: 1e-4

Frame-based outputs

Reset on nonzero input

Enable bit-packed outputs

Output data type: double

OK　Cancel　Help　Apply

图 5-38　“PN Sequence Generator”参数设置

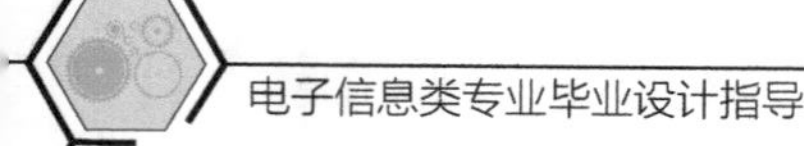

（3）QPSK 调制模块设计

QPSK 调制通过正弦信号“Cosine Wave”“Sine Wave”和调制模块“QPSK Modulation”实现，QPSK 调制模块结构图如图 5-39 所示。

调制模块“QPSK Modulation”的内部结构如图 5-40 所示。“In1”和“In3”分别输入载波 $\cos 2\pi f_c t$ 和 $-\sin 2\pi f_c t$，“In2”输入基带信号。输入的基带信号通过“Buffer”实现串/并转换，分别通过“Unbuffer”输出 I 路和 Q 路基带，I 路和 Q 路基带分别与载波 $\cos 2\pi f_c t$ 和 $-\sin 2\pi f_c t$ 相乘，最后将 I 路输出和 Q 路输出进行相加，即可实现 QPSK 调制。

“Cosine Wave”模块的参数配置如图 5-41 所示。“Sine Wave”模块的参数配置如图 5-42所示。“Buffer”模块的参数设置如图 5-43 所示。

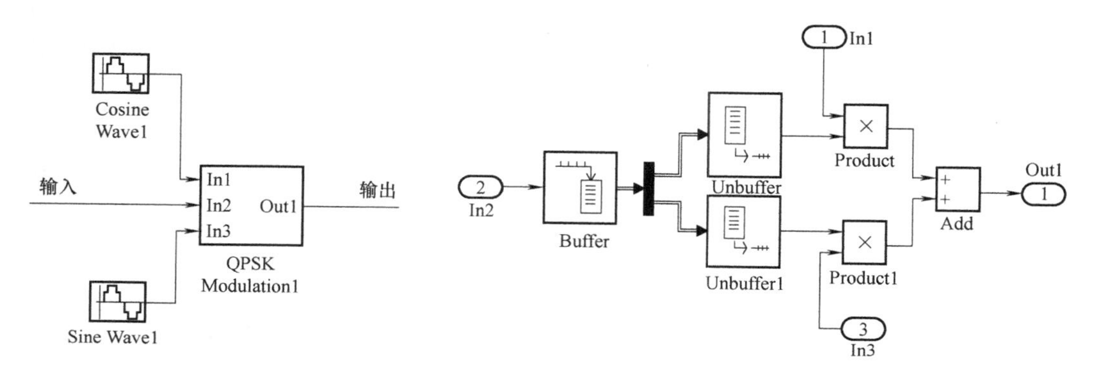

图 5-39 QPSK 调制模块结构框图

图 5-40 QPSK 调制模块内部结构

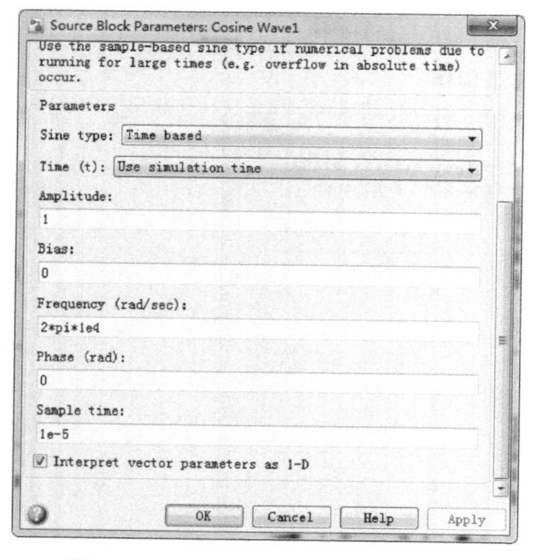

图 5-41 “Cosine Wave”参数设置

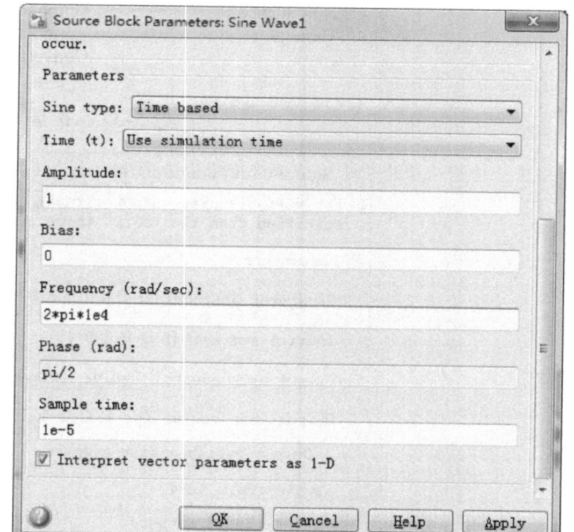
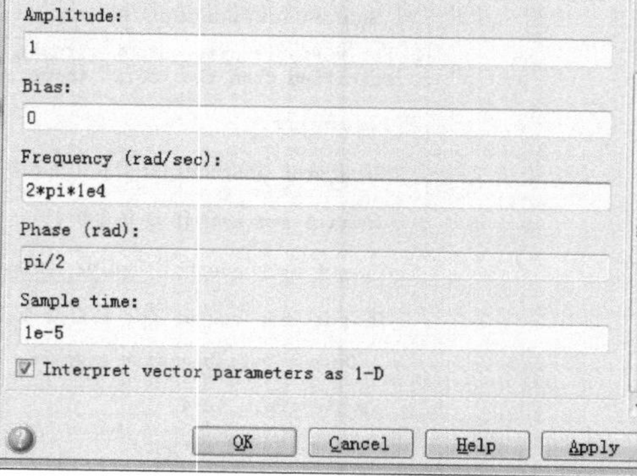

图 5-42 “Sine Wave”参数设置

（4）信道模块设计

本设计采用加性高斯白噪声信道实现信道的模拟。加性高斯白噪声信道（AWGN Channel）模型如图 5-44 所示，参数设置如图 5-45 所示，其中“SNR”指信号功率与噪声

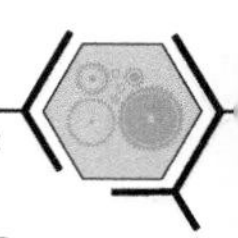

功率的比值（信噪比），在初始仿真中设置为“10”，仿真分析过程中，可通过改变 SNR 的取值观察信噪比对误码率的影响。

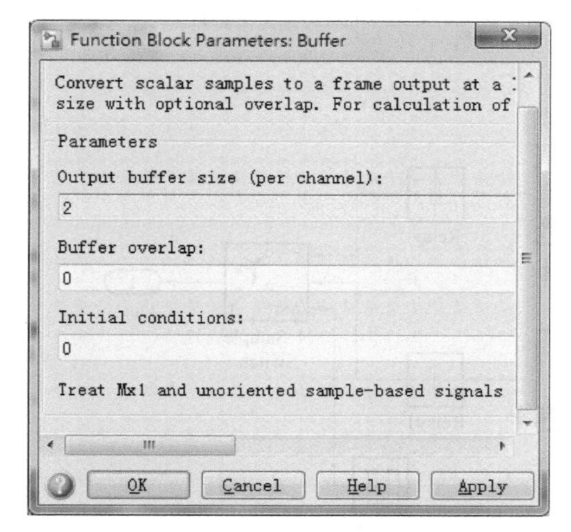

图 5-43　Buffer 参数设置

图 5-44　加性高斯白噪声信道模型

（5）QPSK 解调模块设计

QPSK 解调通过本地产生的、与发送端同步的正弦信号“Local Cosine Wave”“Local Sine Wave”和解调模块“QPSK Demodulation”实现，QPSK 解调模块结构如图 5-46 所示。

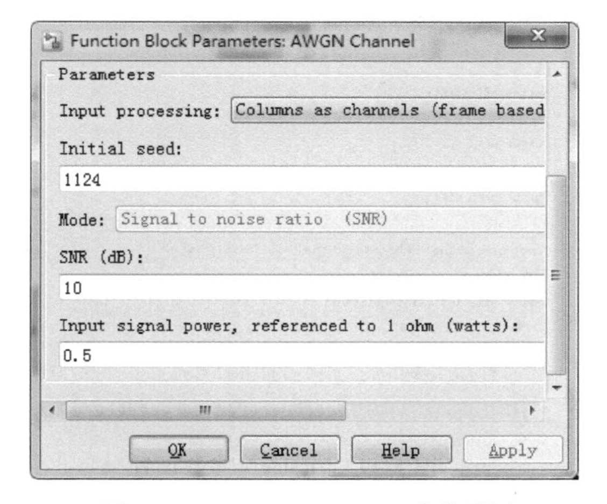

图 5-45　“AWGN Channel”参数配置

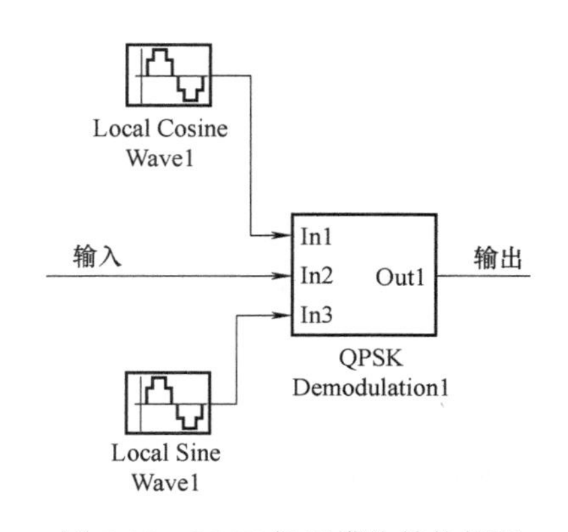

图 5-46　QPSK 解调模块结构框图

解调模块“QPSK Demodulation”的内部结构如图 5-47 所示。“In1”和“In3”分别输入本地载波 $\cos2\pi f_c t$ 和 $-\sin2\pi f_c t$，“In2”输入 QPSK 调制信号。输入的 QPSK 调制信号分为两路，分别与本地载波 $\cos2\pi f_c t$ 和 $-\sin2\pi f_c t$ 相乘，并通过低通滤波“Digital Filter Design”获取 I 路和 Q 路的基带信号，并通过“Relay”进行判决，最后通过“N-Sample Switch”模块将 I 路和 Q 路信号合并为一路，输出解调后的信号。“N-Sample Switch”模块通过“Pulse Generator”实现两个输入信号的切换。

图 5-46 中的“Local Cosine Wave”“Local Sine Wave”模块的参数设置与信号发送端

"Cosine Wave" "Sine Wave" 模块的参数设置一致。"Digital Filter Design" 模块的参数设置如图 5-48 所示。"Relay" 模块的参数设置如图 5-49 所示。"Pulse Generator" 模块的参数设置如图 5-50 所示。"N-Sample Switch" 模块的参数设置如图 5-51 所示。

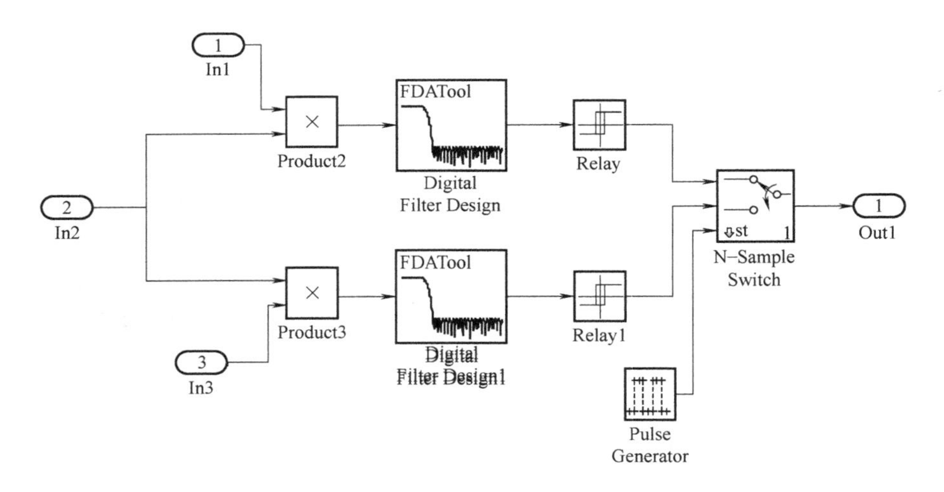

图 5-47　QPSK 解调模块内部结构

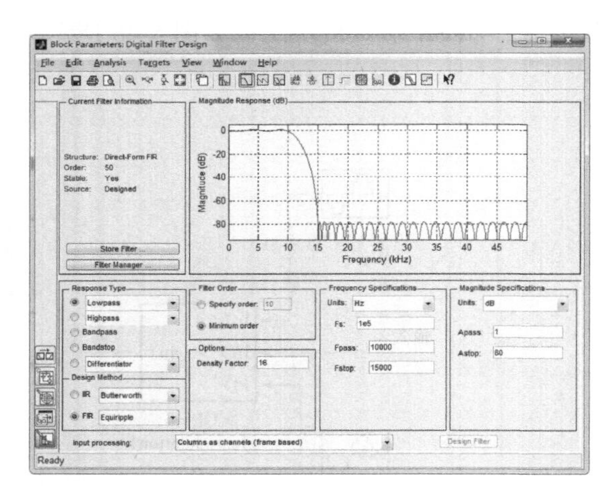

图 5-48　"Digital Filter Design" 参数设置

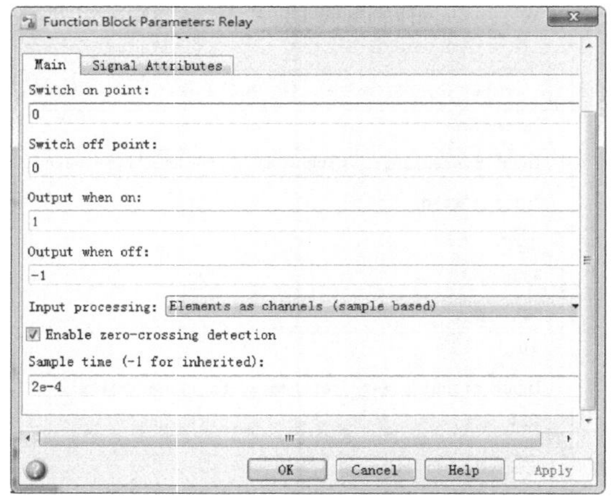

图 5-49　"Relay" 参数设置

(6) 相关接收模块设计

相关接收模块结构图如图 5-52 所示。相关接收模块中，"PN Sequence Generator" 产生与发送端相同的扩频码，即每个相关接收模块（DSSS_ R）中的 PN Sequence Generator 与对应用户扩频模块（DSSS_ T）中的 PN Sequence Generator 参数设置一致。扩频码与输入的信号相乘后，经过数字低通滤波器（Digital Filter Design）和判决器（Relay）即可获取每个用户对应的数据信息。考虑到在 QPSK 调制、解调过程中产生了六个码片的延时，为了使 PN 码能与接收到的信号相位一致，因此对 "PN Sequence Generator" 生成的 PN 码进行了六个码片的延时。

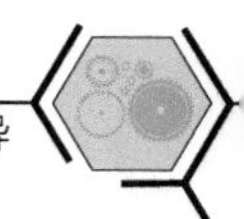

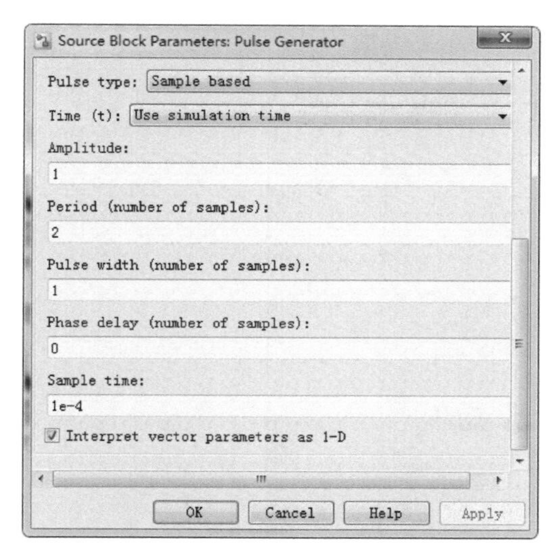

图 5-50　“Pulse Generator” 参数设置

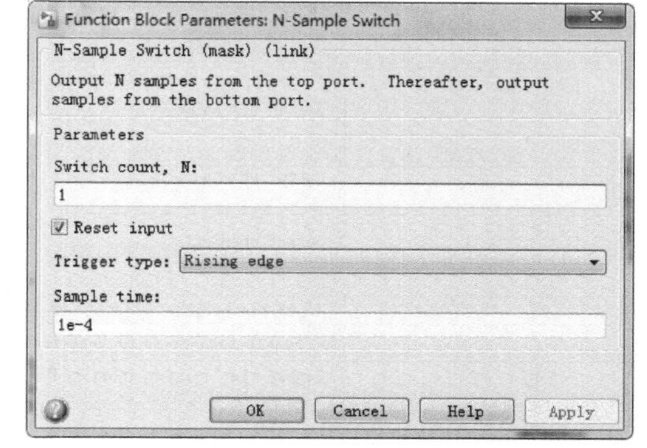

图 5-51　“N-Sample Switch” 参数设置

数字低通滤波器的参数设置如图 5-53 所示，低通滤波器通过 Equiripple FIR 滤波器实现，采样频率设置为 “10kHz”，通带频率设置为 “200Hz”，截止频率设置为 “300Hz”。

判决器 Relay 的参数设置如图 5-54 所示。

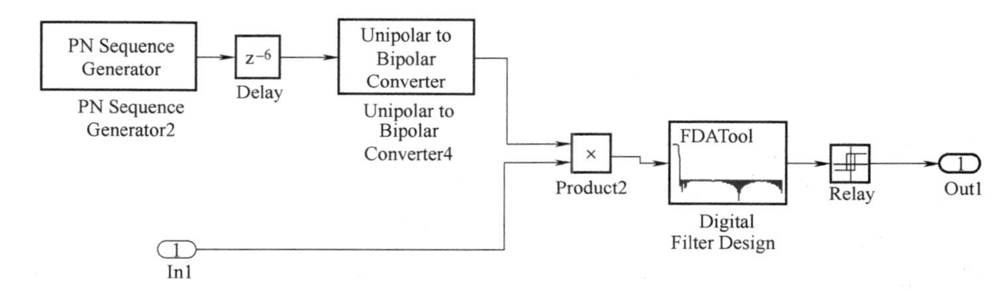

图 5-52　相关接收模块结构图

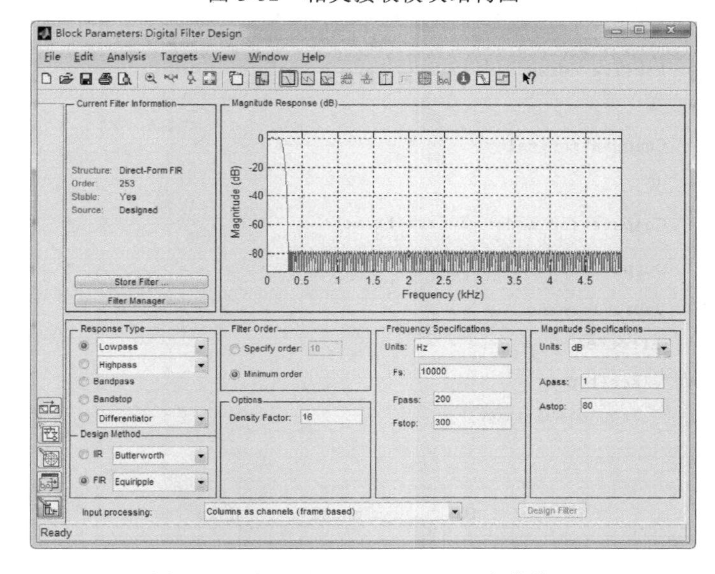

图 5-53　“Digital Filter Design” 参数设置

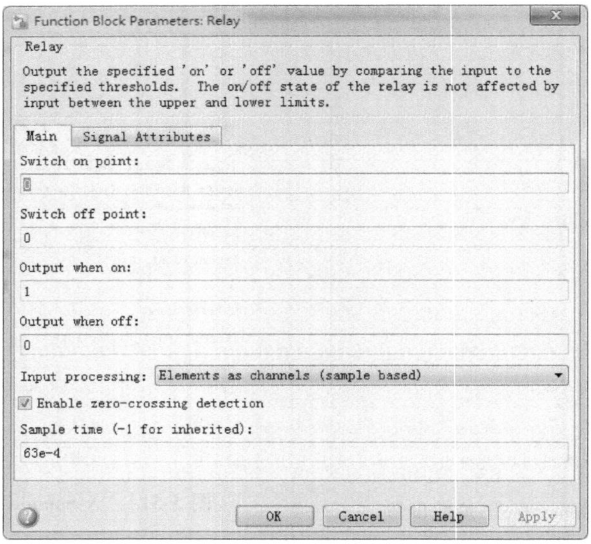

Function Block Parameters: Relay
Relay
Output the specified 'on' or 'off' value by comparing the input to the specified thresholds. The on/off state of the relay is not affected by input between the upper and lower limits.
Main
Signal Attributes
Switch on point:
0
Switch off point:
0
Output when on:
1
Output when off:
0
Input processing:
Elements as channels (sample based)
Enable zero-crossing detection
Sample time (-1 for inherited):
63e-4
OK
Cancel
Help
Apply

图 5-54 “Relay” 参数设置

(7) 误码率计算模块设计

Tx
Rx
Error Rate
Calculation
Error Rate
Calculation

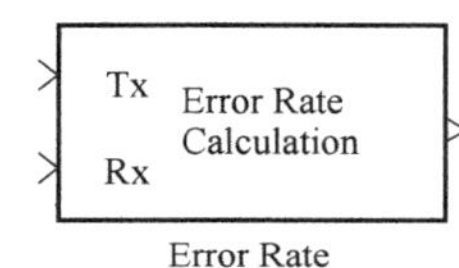

图 5-55 误码率计算模块

误码率的计算是将信源产生的二进制序列与最终获取的序列进行比较，分析系统误码的概率。误码率计算模块模型如图 5-55 所示，误码率计算模块的参数设置如图 5-56 所示，其中“Receive Delay”设置系统延时，本次设计的系统延时为 3 个信息符号。误码率计算模块的“Rx”端口连接相关接收模块的输出，“Tx”端口连接对应的信源输出端口，为了使图 5-34 所示的系统结构的连线更加简洁明了，通过“Goto”和“From”模块实现信源输出端和“Tx”端的连接。

Sink Block Parameters: Error Rate Calculation1
Receive delay:
3
Computation delay:
0
Computation mode:
Entire frame
Output data:
Workspace
Variable name:
ErrorVec
Reset port
Stop simulation
OK
Cancel
Help
Apply

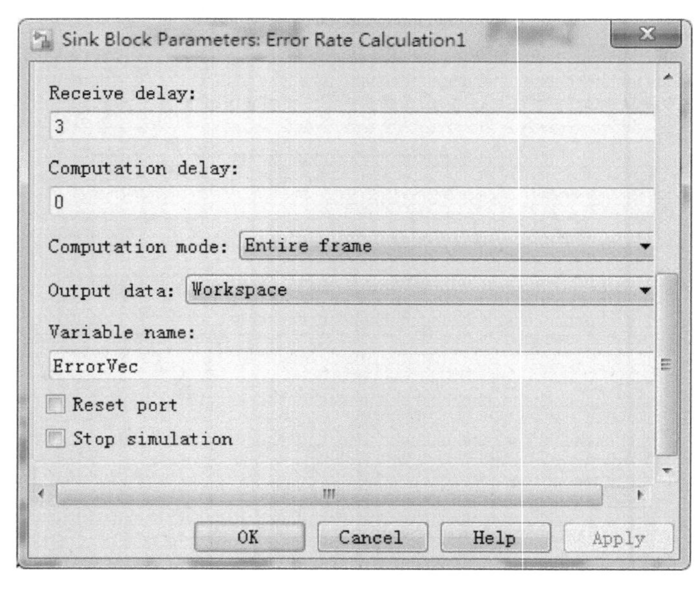

图 5-56 “Error Rate Calculation” 参数设置

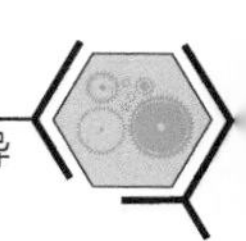

5.2.4 系统仿真结果分析

1. 扩频仿真结果分析

在本次设计中，信源速率约为158.73bit/s（10000/63），扩频码速率为10kchip/s，扩频因子为63。根据上述参数设置，对扩频模块进行仿真分析，扩频前后信号波形对比如图5-57所示，扩频前后信号频谱对比如图5-58所示。如图5-57所示，信号在扩频前码速率较低，经过扩频后码速率大幅度增大。如图5-58所示，扩频前信号的带宽较窄，信号能量集中在0~200Hz内，而经过扩频后，信号带宽被扩展，信号能量分散在0~10kHz内，因此扩频后的信号在各频点上的值较小，具有很好的隐蔽性。

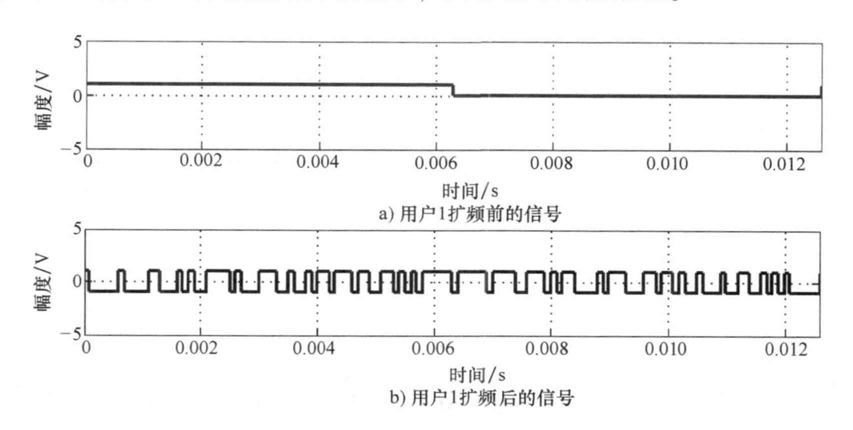

a) 用户1扩频前的信号

b) 用户1扩频后的信号

图5-57 扩频前后信号波形对比

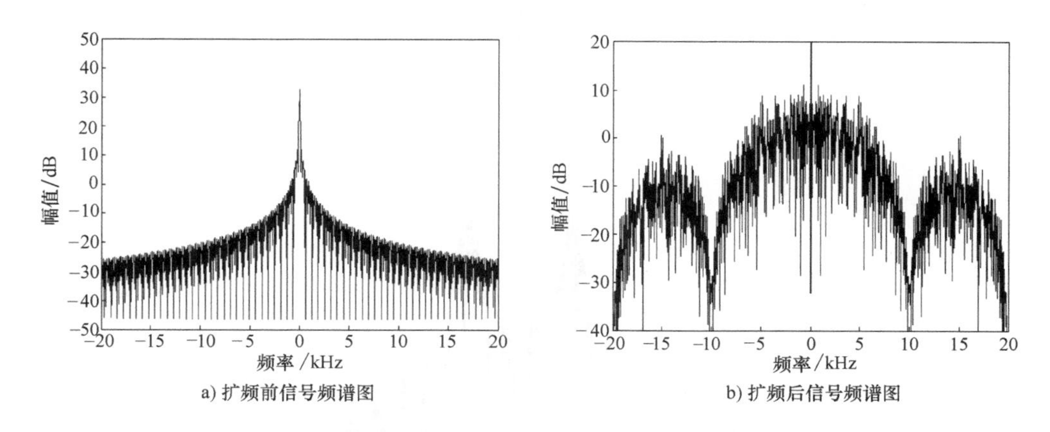

a) 扩频前信号频谱图

b) 扩频后信号频谱图

图5-58 扩频前后信号频谱对比

2. 调制仿真结果分析

在本次设计中，将基带信号调制到10kHz的载波上，调制过程中信号波形如图5-59所示，图5-59d所示为离散信号，因此信号波形并不连续，根据其波形可以判断对应不同的二进制序列的输入，不同的序列对应$\frac{\pi}{4}$、$\frac{3\pi}{4}$、$\frac{5\pi}{4}$和$\frac{7\pi}{4}$四种相位。调制完成后的频谱如图5-60所示，由频谱可以看出信号频谱中心搬移到10kHz处。

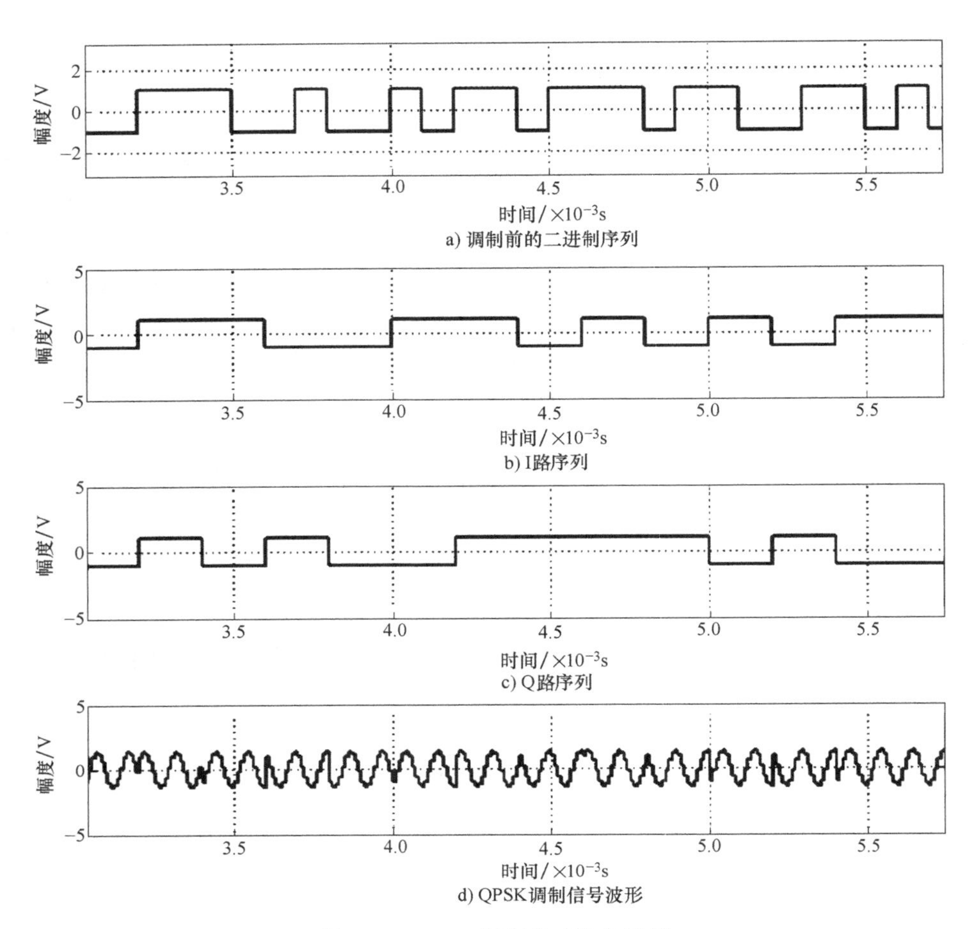

图 5-59　QPSK 调制仿真信号波形

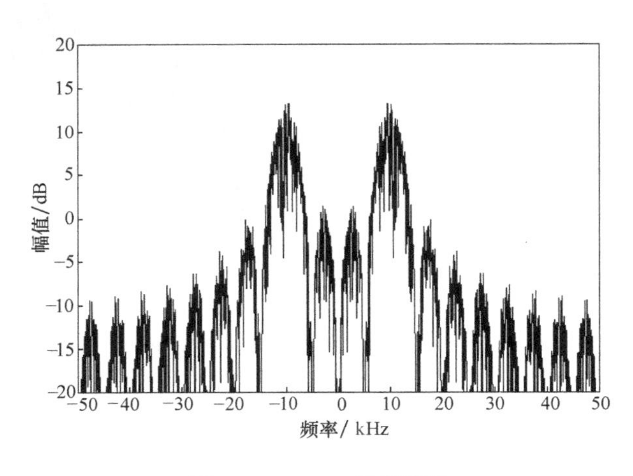

图 5-60　QPSK 调制频谱

3. 解调仿真结果分析

根据调制模块的参数设置，用相同的本地载波对 QPSK 调制信号进行解调，解调过程中的信号波形如图 5-61 所示，由信号波形可以看出，该解调模块能对信号进行正确解调。

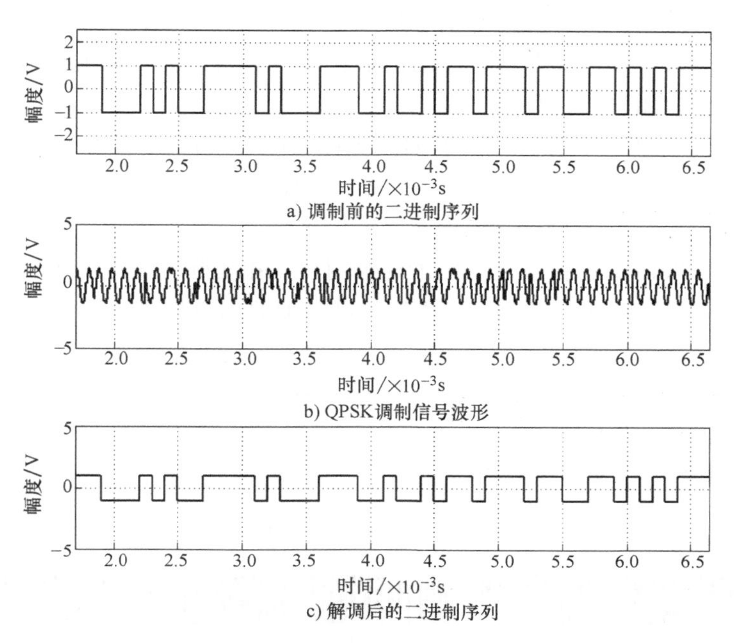

图 5-61　QPSK 解调仿真信号波形

4. 解扩仿真结果分析

根据扩频模块的参数设置，用相同的 PN 码对扩频信号进行解扩，解扩过程中的信号波形如图 5-62 所示，由信号波形可以看出，该解扩模块能对信号进行正确解扩。

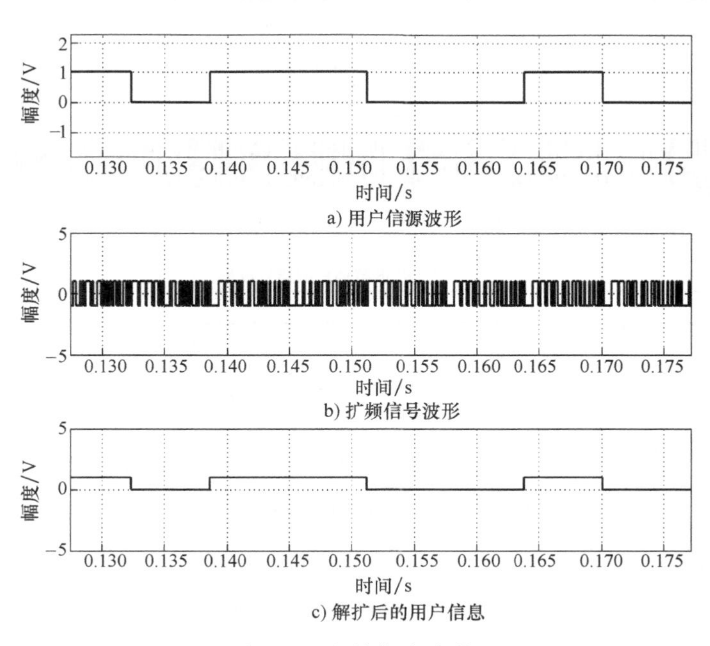

图 5-62　解扩仿真波形

5. 系统总体仿真结果分析

针对系统的整体性能进行仿真，两个用户同时发送不同的用户信息，即两个用户的二进制序列不同，两个用户信源发送的信号均经过了扩频、QPSK 调制，通过合路器合成一路信号后，经过引入了加性高斯白噪声的信道；通过分路器，各自进行 QPSK 解调和相应解扩，最终获取对应用户的信息。

用户 1 信号传输过程中的仿真波形如图 5-63 所示，用户 2 信号传输过程中的仿真波形如图 5-64 所示。由仿真结果可知，该系统能够对不同的用户进行码分多址，实现多用户传输，两个用户信息采用相同的频段在同一信道中经过信号处理，接收端能够接收对应用户的信息。在本次仿真过程中仅使用了两个用户，在实际应用中，可容纳的用户数量远大于此次仿真的数量，且 PN 码的长度越长，可容纳的用户越多。

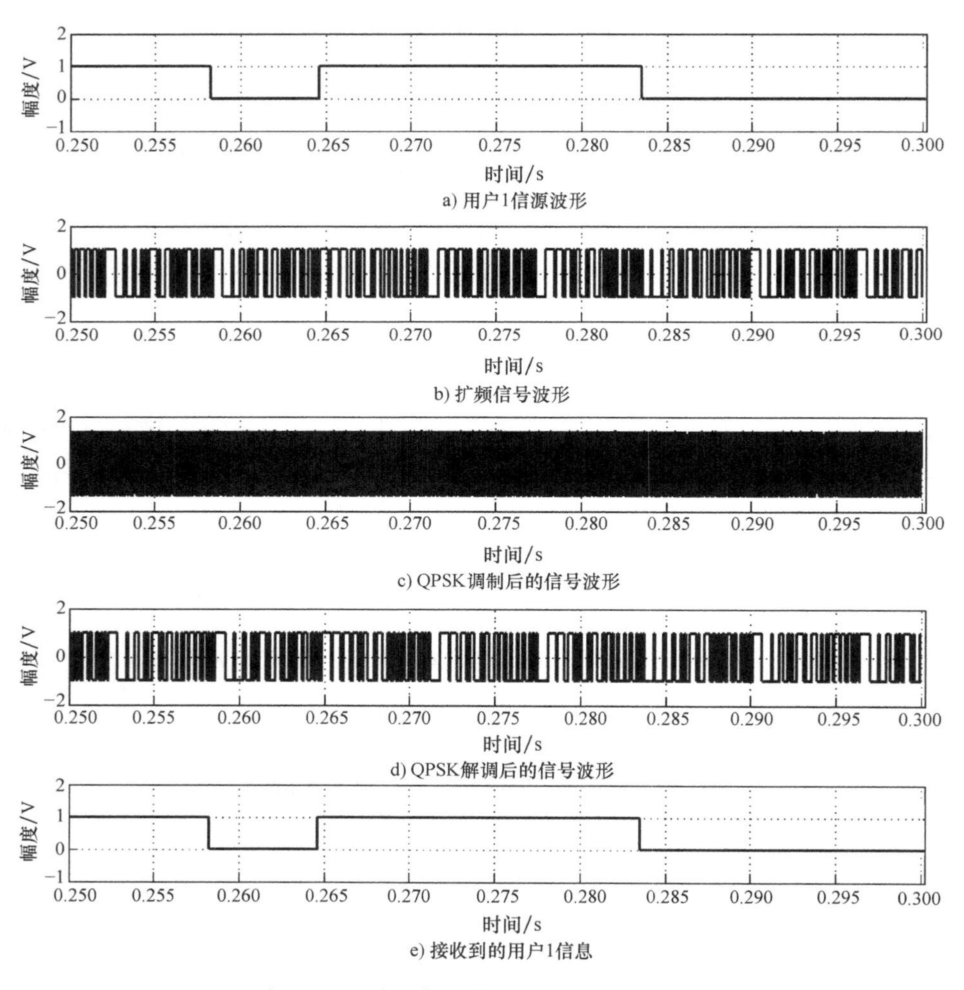

图 5-63　用户 1 信号传输过程中的仿真波形

6. 误码率分析

在对系统进行仿真分析的过程中，分析了信道中加性高斯白噪声对系统的影响。仿真通过改变信号与噪声的功率比（SNR）来分析系统的误码率情况。在信噪比 SNR 的不同

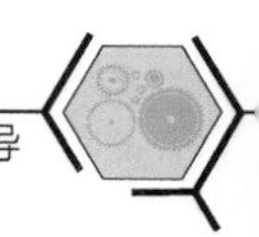

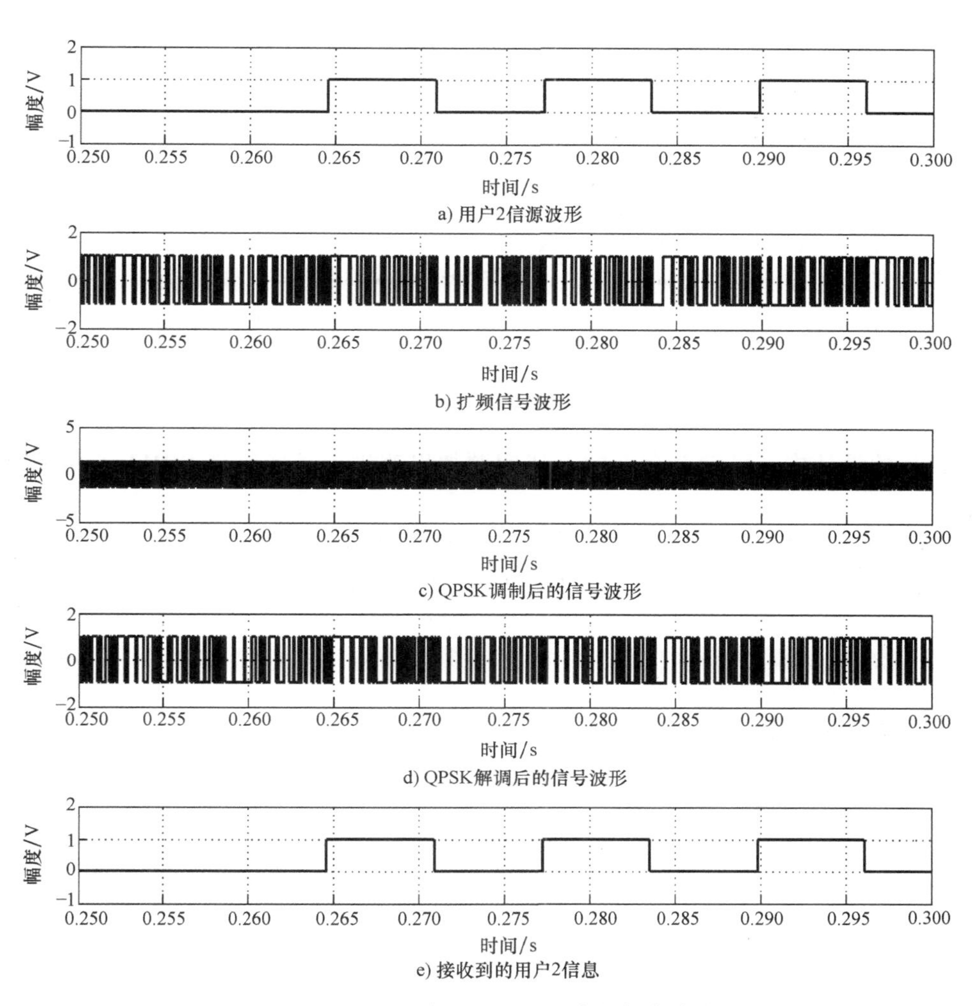

图 5-64　用户 2 信号传输过程中的仿真波形

取值条件下，误码率结果如图 5-65 所示。本次仿真中扩频比为 63，在 SNR>-3dB 的情况下，误码率远小于 0.01%，若扩频系数更大，则可以达到更低的误码率。该仿真结果说明所选扩频信号具有很好的抗干扰能力。

5.2.5　总结及展望

本设计实现了基于 Simulink 的多用户 CDMA 通信系统的设计和仿真分析，受时间、精力、能力和设计环境的限制，该设计仍然存在以下有待改进的部分：

1）CDMA 系统不仅仅包括扩频、解扩、调制、解调功能，还有编解码功能、射频调制解调等功能，考虑到系统的设计复杂度，本次设计仅考虑了 CDMA 多用户通信系统的部分功能。

2）实际应用过程中使用的是更加复杂、能容纳更多用户的伪随机码，以实现不同用户的多址通信，本设计对该部分进行了简化，使用了六阶的 m 码，且仅对两个用户的通信进行了仿真。

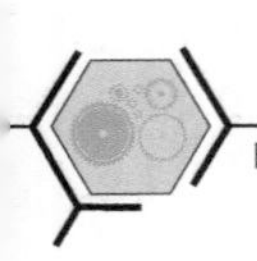

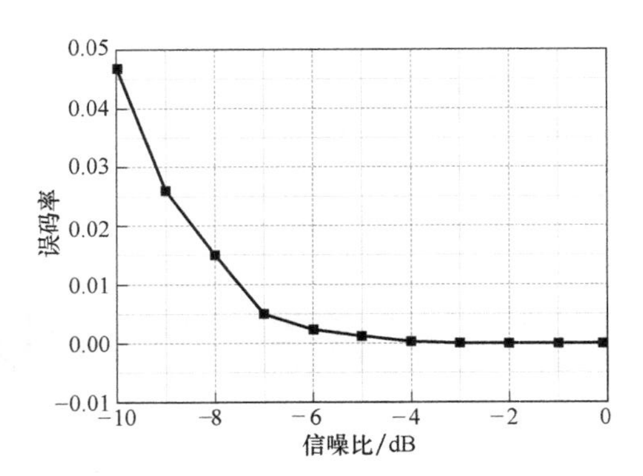

图 5-65　信噪比与误码率的关系图

在以后的设计中，可针对存在的上述问题加以改进，对多用户 CDMA 通信系统加以完善：

1）多用户 CDMA 通信系统可进一步优化，其功能可进一步扩充、完善。

2）系统可选择更加优质的伪随机码，以实现大容量的多址通信。

第6章

无人机应用专业毕业设计指导

6.1 小四轴飞行器设计制作课题综述

1. 选题背景和依据

无人机市场前景乐观，因其具有运行成本低、无人员伤亡风险、可进行超视距飞行、使用方便高效等特点，目前已在影视航拍、测绘航测、应急救援与救护等领域广泛应用。在国内，无人机越来越受到市场的青睐，2017 年中国民用无人机产业研究报告预测，2019 年我国民用无人机市场销售规模会达到 390 万台，合计约 600 亿元；预计到 2025 年，国内民用无人机市场规模将会达到 750 亿元，年复合增长率 59%。科研领域方面，无人机是一项涉及多门交叉学科的高、精、尖技术，是国防建设领域迫切需要和值得发展的研究项目。同时，其新颖的外形、简单的结构、低廉的成本、卓越的性能以及独特的飞行控制方式，使其对广大科研人员具有很强的吸引力，也成为国际上新的研究热点。微小型四旋翼飞行器在军事和民用领域都有广阔的应用前景，极具研究价值，它的研制不仅是其自身领域的进步，还能推动其所涉及关键技术的发展。

2. 任务要求

无人机产品设计工作量较大，故无人机产品设计可分为硬件设计和软件设计两块，分别由不同学生单独完成。首先，在硬件设计方面，无人机最大的问题在于如何稳定、简单地控制其飞行状态，所以硬件方面需要学生掌握飞行器的结构，使其能够正常起飞、悬停和控制方向。目前小四轴飞行器是所有飞行器中结构最简单的飞行器。控制上是由四个旋翼分别产生四个垂直方向的力和四个反扭力，当 8 个力处于平衡状态时，飞行器可以在静止的空气中平稳悬停；当控制其中一个或多个力共同改变时，小四轴飞行器将离开平衡状态向所需要的方向进行改变。关于小四轴飞行器的电路板设计，在硬件上主要由四种电路板组成，分别是飞控板（即无人机飞行控制器）、电源管理板、无刷电子调速器、接收机模块板。

其次，在软件设计方面，系统采用 2.4GHz 无线控制，遥控器端主控芯片采集插件摇杆的 AD 值和计数微调按键动作信号，通过无线收发器 NRF24L01 无线传输给飞行器。飞行器端微控制单元 MCU 通过 SPI 总线提取多个不同的惯性传感器和电子罗盘数据。飞行

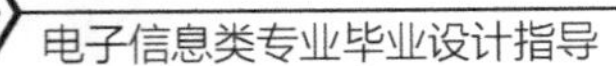

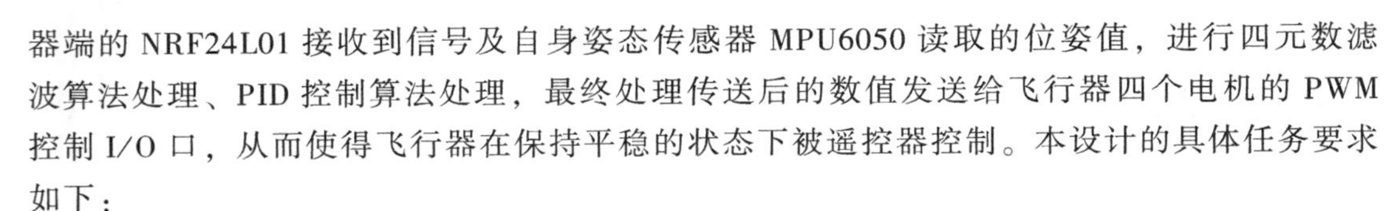

器端的 NRF24L01 接收到信号及自身姿态传感器 MPU6050 读取的位姿值，进行四元数滤波算法处理、PID 控制算法处理，最终处理传送后的数值发送给飞行器四个电机的 PWM 控制 I/O 口，从而使得飞行器在保持平稳的状态下被遥控器控制。本设计的具体任务要求如下：

1）小四轴飞行器 PCB 板尺寸控制在 100mm×100mm 以内，飞行器质量控制在 20g 以内，遥控器主板尺寸控制在 100mm×100mm 以内，遥控器质量控制在 20g 以内。

2）设置拨动开关按键，用于开关飞行器和遥控器主板。设置遥控器解锁、锁定和前后左右微调按键。设置遥控器油门按键、方向摇杆。

3）设置遥控器解锁和锁定蜂鸣器报警提示音。

4）设置飞行器和遥控器 SPI 通信模块接口，方便 NRF24L01 模块插接。

5）设置飞行器和遥控器串口下载接口。

6）设置飞行器 MOS 管电动机驱动接口。

7）设置飞行器六轴陀螺仪模块接口，方便陀螺仪模块更换（由于贴片式 MPU6050 陀螺仪芯片焊接较难，最好使用模块焊接）。

8）设置飞行器红、蓝 LED 灯显示机头方向。

9）系统采用 3.3V 和 3.7V 供电，控制系统采用 3.3V 供电，飞行器电动机采用 3.7V 供电。

10）软件开发流程清晰，并详细介绍开发平台和工具。

11）注重软件开发的可靠性、健壮性、可修改性、容易理解、程序简便、可测试性、效率性、标准化、先进性、可扩展性、安全性原则。

12）绘制主程序、子程序流程图要规范，要采用简单规范的符号，画法简单，结构清晰，逻辑性强，便于描述和理解。

13）程序代码要符合编程规范，函数/子程序名称、功能、入口参数、出口参数、注释等符合规范，程序易读性要好。

14）进行仿真，或结合实物测试软件各个功能模块是否达到规定要求。

6.2 总体设计方案

本设计中飞行器采用 STC15W4K48S4 微控制器作为 MCU，遥控器采用相同的微控制器作为 MCU。飞行器系统供电比较特殊，其供电分为两个部分：一是 3.7V 充电电池直接为电动机供电；二是电池稳压到 3.3V 以后为系统和外设供电。遥控器端的主要硬件部分包括最小系统、无线 NRF24L01 模块、程序下载、ADC 采集、LED 指示灯以及串口调试等，飞行器端的主要硬件部分有最小系统、程序下载、无线 NRF24L01 模块、电动机驱动、惯性测量单元（MPU6050）以及 LED 指示灯等。本设计的硬件系统总体框图如图 6-1 所示。

6.2.1 产品器件选型

1. MCU 选择

MCU 是系统的核心，主要负责采集多个传感器数据并融合多种数据进行飞行器位姿

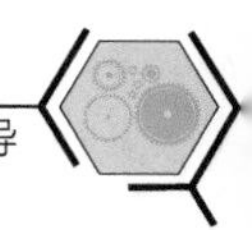

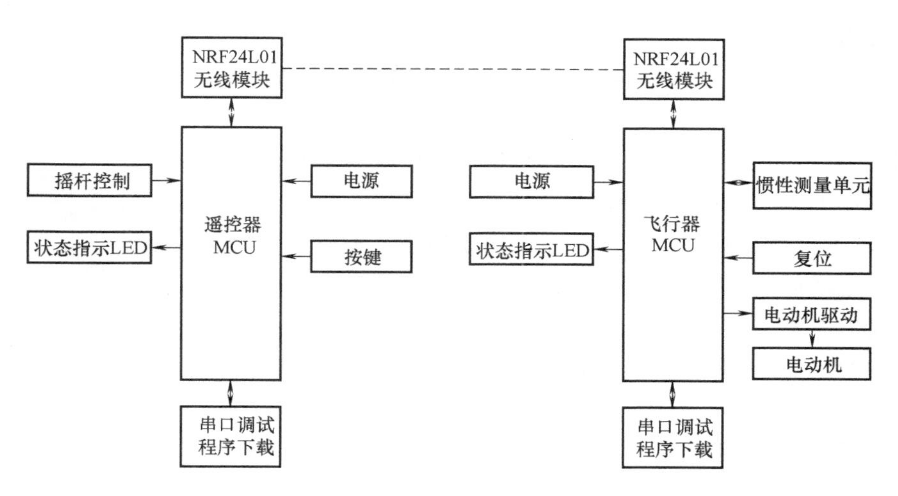

图 6-1　硬件系统总体框图

解算，输出 PWM 信号控制四个无刷电动机转速，以实现对飞行器位姿的调整。

从成本、性能以及芯片掌握的熟练情况等各方面综合考虑，本设计中遥控器和飞行器均采用 STC15W4K48S4 作为主控芯片，如图 6-2 所示，它是低功耗、高集成、高性价比的 MCU 芯片。六路 PWM 可以很方便地驱动飞行器的四个电动机。因此，STC15W4K48S4 是本系统设计的理想选择。

图 6-2　MCU 实物图

本设计所选主控芯片具有如下功能特点：

1）增强型 8051 CPU，1T，单时钟/机器周期，速度比普通 8051 快 8~12 倍。

2）工作电压：2.5~5.5V。

3）Flash 程序存储器，擦写次数达 10 万次以上。

4）ISP 和 IAP 两种在线编程方式，即在系统可编程和在应用可编程，无需编程器和仿真器。

5）具有 8 通道 10 位高速 ADC，速度可达 30 万次/s，八路 PWM 还可当八路 D-A 使用。

6）具有 6 通道 15 位专门的高精度 PWM（带死区控制）和 2 通道 CCP（利用它的高速脉冲输出功能可实现 11~16 位 PWM）。

7）可用来再实现 8 路 D-A 转换，或两个 16 位定时器，或两个外部中断（支持上升沿/下降沿中断）。

8）具有 6 路增强型 PWM。

9）内部高可靠复位，ISP 编程时 16 级复位门槛电压可选，可彻底省掉外部复位电路。

10）工作频率范围为 5~30MHz，相当于普通 8051 的 60~360MHz。

11）具有一组高速同步串行通信端口 SPI。

2. 通信模块选择

本设计通信模块选用 NRF24L01 无线收发模块，如图 6-3 所示，NRF24L01 具有如下功能特点：

1）是一款工作在 2.4G~2.5GHz 通用 ISM 频段的单片收发芯片，在 1.9~3.6V 低电压环境下工作。

2）传输速率是 2Mbit/s，125 频点，由于空中传输时间很短，极大地降低了无线传输中的碰撞现象，满足多点通信和跳频通信需要。

图 6-3　NRF24L01 模块实物图

3）低功耗，当在应答模式通信时，快速的空中传输及起动，极大地降低了电流消耗。并且低成本，便于开发。

3. 位姿测量模块选择

位姿测量模块用于感知小四轴飞行器的飞行状态的信息，位姿感测部件是整个硬件系统的核心。

传感器相当于人的眼睛和耳朵，用来感知外界相关的环境变化，为中心控制模块提供原始数据。由于所使用的小四轴飞行器负载能力有限，减小和减轻导航系统所用传感器的体积及重量，就显得尤为重要。加速度传感器是一种能够测量加速度的电子设备。加速度传感器的工作原理：敏感元件将测点的加速度信号转换为相应的电信号，输入前置放大电路，经过信号调理电路改善信号的信噪比，再进行模-数转换得到数字信号，最后送入计算机，计算机再进行数据存储和显示。

加速度传感器可用于测量机身相对于水平面的倾斜角度。我们知道，运动中的物体会产生包括重力加速度在内的各种各样的加速度。在小四轴飞行器起飞的一刹那，由于电动机本身的重量和转速误差，我们无法感知飞行器本身的受力情况，从而无法通过加速度来判别物体的位姿。要获得准确的角度和位姿，加速度传感器需要在静止或者匀速的情况下进行测量，而飞行器起飞的瞬间，物体是运动的，所以无法用它来平衡小四轴飞行器。

陀螺仪传感器是理想的平衡控制传感器，它能感知物体的运动变化。小四轴飞行器的微处理器通过读取这些数据，进行分析，并根据运动变化进行反馈控制，即可使得物体保持平衡。小四轴飞行器在起飞瞬间，飞行器在四个电动机的作用下开始运动，由于不同电动机的驱动力存在差异，飞行器位姿会发生改变，微处理器获得这些改变后，微调各个电动机的转速，从而使得飞行器达到平衡。在测量过程中，陀螺仪存在温漂的影响，会导致测得的位姿信息并不准确，因此利用加速度计和陀螺仪的组合来准确测量和输出飞行器的速度、方位和引力，从而感知飞行器的运动状态。综合成本和性能等因素，本设计选用 MPU6050 陀螺仪加速度计，如图 6-4 所示。

4. 电动机选择

四轴驱动常用的电动机主要有有刷直流电动机和无刷直流电动机两种，前者成本低、控制简单，但质量大且寿命短；后者成本高、控制复杂，但质量轻且寿命长，而且效率高于前者。相同体积的无刷直流电动机功率远远高于有刷直流电动机，因此可以不经减速直接驱

图 6-4　MPU6050 模块实物图

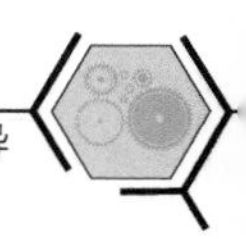

动螺旋桨。

电动机选型综合功率和质量等因素，选用 720 空心杯无刷直流电动机，如图 6-5 所示，参数见表 6-1。

该电动机各项参数符合本设计要求，所以本设计选用 720 空心杯无刷直流电动机作为飞行器的驱动电动机。

表 6-1　720 空心杯无刷直流电动机参数表

说　　明	参　　数
电压	3.7V
空载电流	0.08 A
堵转电流	1.8A
转速	50000r/min
周长	7mm

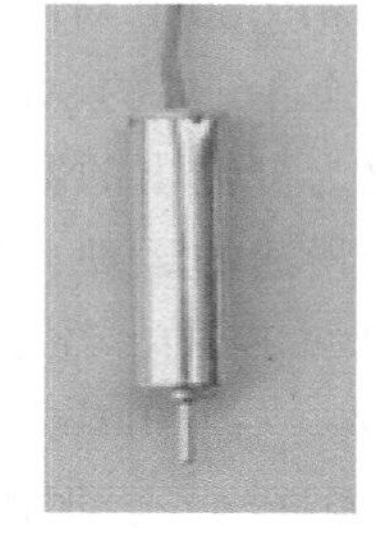

图 6-5　720 空心杯电动机实物图

6.2.2　产品电路设计

1. 飞行器最小系统电路

本设计中的最小系统包括飞行器最小系统和遥控器最小系统，其中飞行器最小系统原理图如图 6-6 所示。

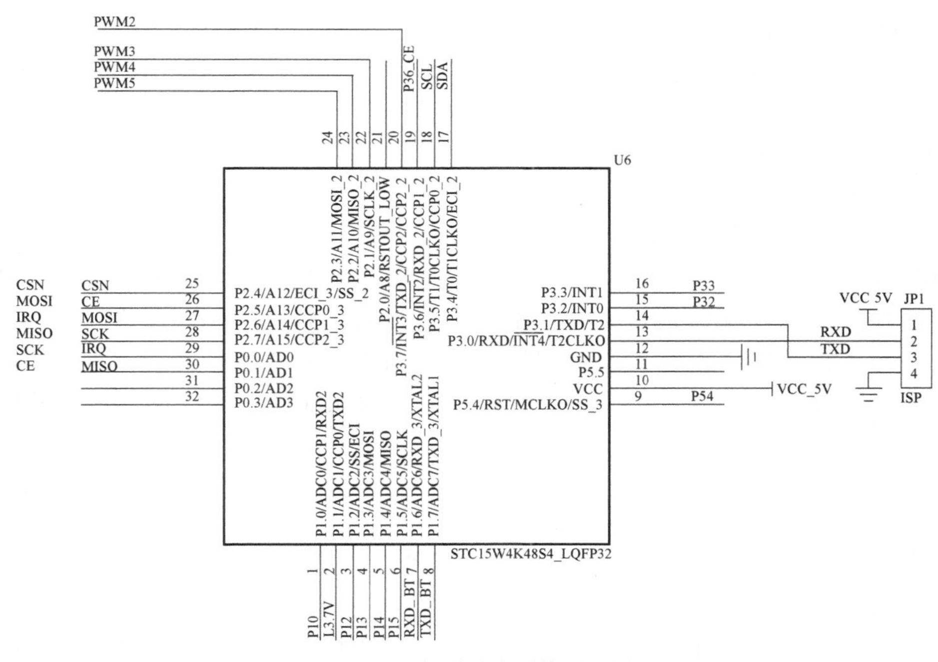

图 6-6　飞行器最小系统原理图

2. MPU6050 传感器电路模块

MPU6050 为全球首例整合性六轴运动处理组件，相较于多组件方案，免除了组合陀螺仪与加速器时间轴之差的问题，减少了大量的封装空间。它集成了三轴 MEMS 陀螺仪、三轴 MEMS 加速度计以及一个可扩展的数字运动处理器 DMP（Digital Motion Processor），

可用 I^2C 接口连接一个第三方的数字传感器，比如磁力计。扩展之后就可以通过其 I^2C 接口输出一个六轴的信号。MPU6050 也可以通过其 I^2C 接口连接非惯性的数字传感器，比如压力传感器。

MPU6050 对陀螺仪和加速度计分别用了三个 16 位的 ADC，将其测量的模拟量转化为可输出的数字量。为了精确跟踪快速和慢速的运动，传感器的测量范围都是用户可控的，陀螺仪可测范围为 ±250 (°)/s、± 500 (°)/s、± 1000 (°)/s、±2000 (°)/s，加速度计范围为 $\pm 2g$、$\pm 4g$、$\pm 8g$、$\pm 16g$。

一个片上 1024 字节的 FIFO 存储器，有助于降低系统功耗。MPU6050 和所有设备寄存器之间的通信采用 400kHz 的 I^2C 接口。对于需要高速传输的应用，对寄存器的读取和中断可用 20MHz 的 SPI。另外，片上还内嵌了一个温度传感器和在工作环境下仅有±1%变动的振荡器。

芯片尺寸为 4mm×4mm×0.9mm，采用 QFN 封装（无引线方形封装），可承受最大 10000g 的冲击，并有可编程的低通滤波器。MPU6050 原理图如图 6-7 所示。

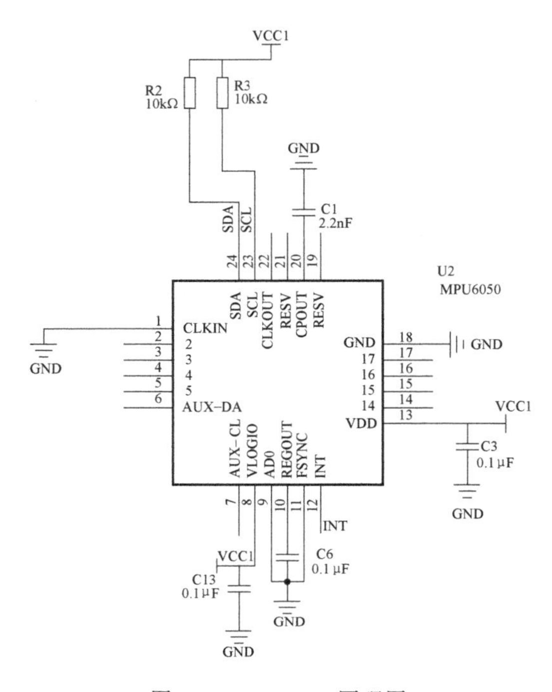

图 6-7　MPU6050 原理图

3. NRF24L01 无线收发电路模块

NRF24L01 是一款工作范围为 2.4G～2.5GHz 的世界通用 ISM 频段的单片无线收发器芯片。无线收发器包括频率发生器、增强型 Schlock Burst 模式控制器、功率放大器、晶体振荡器、调制器和解调器。输出功率、频道选择和协议的设置可以通过 SPI 接口进行设置。本设计中飞行器和遥控器的无线模块原理图如图 6-8 和图6-9 所示。

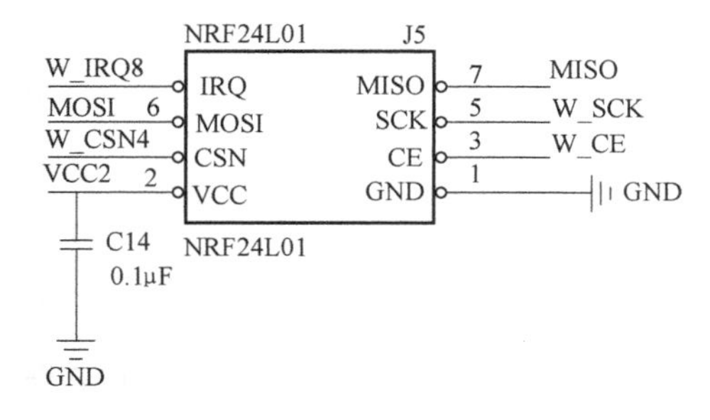

图 6-8　飞行器 NRF24L01 原理图

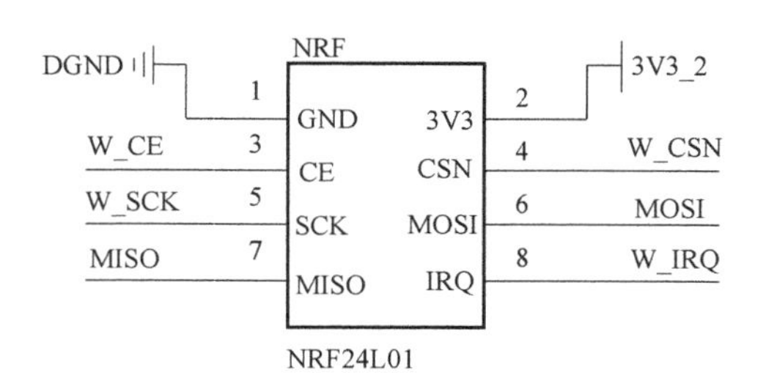

图 6-9　遥控器 NRF24L01 原理图

4. 电动机驱动电路模块

飞行器硬件电路设计中，电动机驱动部分也相当重要。本设计所采用的电动机是 720 空心杯无刷直流电动机，电动机采用 3.7V 电源供电，驱动思路是：电动机的一端接电源正极，负极端接 MOS 管，MOS 管通过飞行器 MCU 的 PWM 来控制其开启与关闭，从而控制电动机转速。四个电动机驱动的 PWM 分别与 MCU 的 PA0、PA1、PA2、PA3 引脚连接。电动机驱动电路原理图如图 6-10 所示。

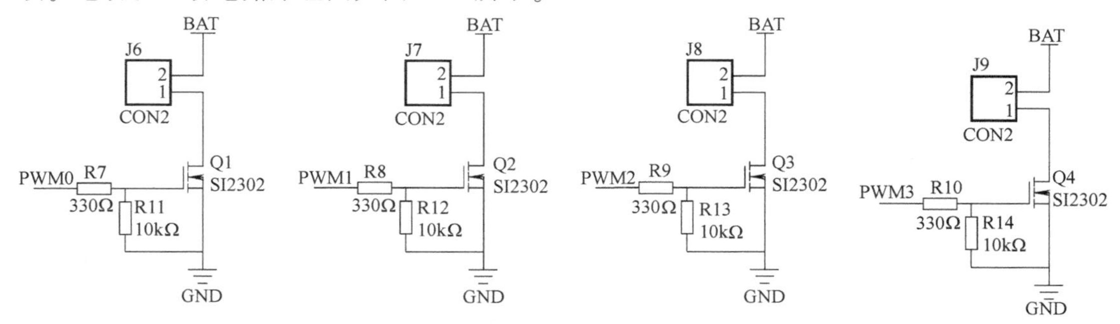

图 6-10 电动机驱动电路原理图

5. PCB 电路图绘制

在将原理图转换为 PCB 前，需要做好以下准备工作：

1）每个元器件都要指定对应的封装形式（最重要），且要保证对应的封装库已经正确安装到系统工程中。

2）检查电源电路是否正确设置。

3）检查是否有重复冲突的引脚定义。

4）对所有的元器件进行命名，并检查是否有重名。若有重名，需要对名称进行修改。

5）在当前工程文件夹下，新建一个空白的 PCB 图。

如果各个元器件都已创建，就可以对所有元器件进行布局和布线了。本设计中遥控器和飞行器的 PCB 图如图 6-11 和图 6-12 所示。

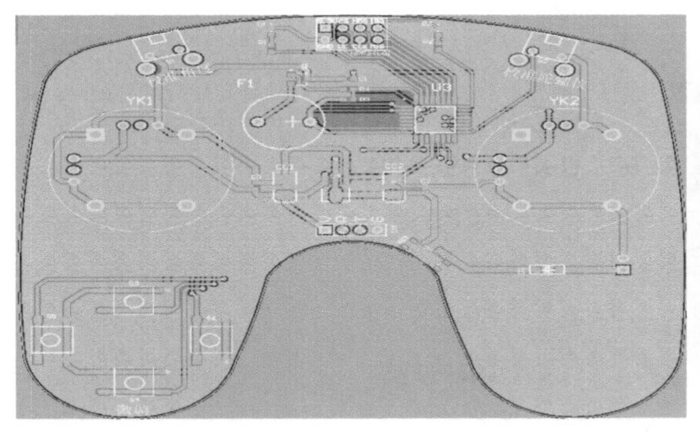

图 6-11 遥控器 PCB 图

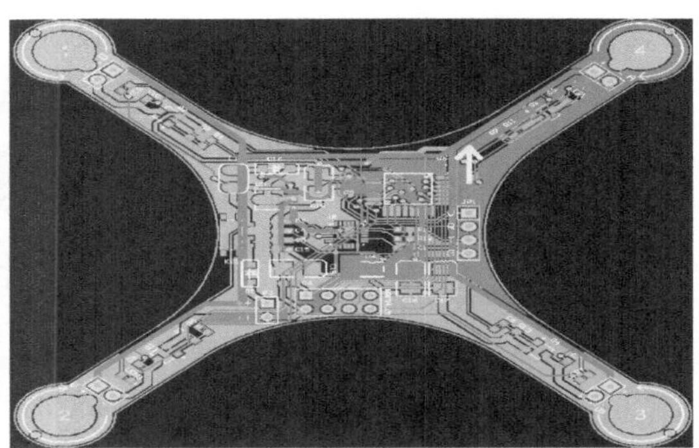

图 6-12 飞行器 PCB 图

6.2.3 产品软件设计

1. Keil MDK 软件介绍

本设计程序编写使用的是 Keil Software 公司的 MDK-ARM 软件，工程界面如图 6-13

所示。

Keil MDK，也称 MDK-ARM、Realview MDK、I-MDK、uVision5 等。目前 Keil MDK 由三家国内代理商提供技术支持和相关服务。

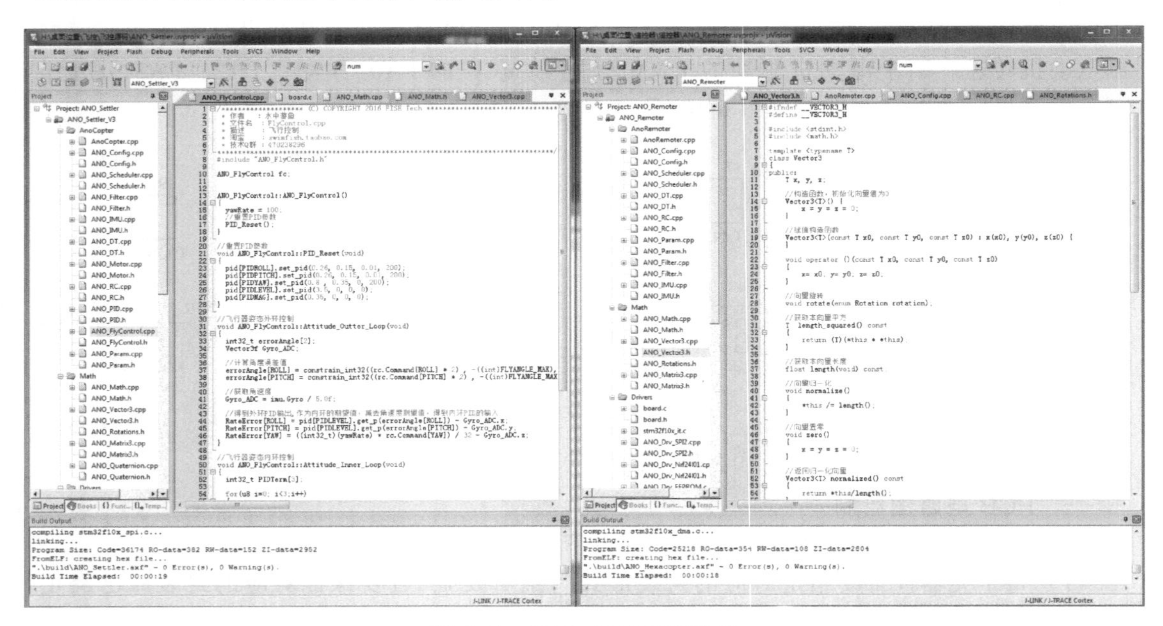

图 6-13　MDK-ARM 工程界面

2. 上位机地面站软件介绍

进行上位机调试之前，需要先安装好 SWD 驱动、USB 转串口驱动。安装 Keil For AMR，并进行配置，然后分别下载飞控程序和遥控程序。下载完后断电，将 PL2303 引脚 RXD、TXD、GND、3V3 连接遥控的 T（发送）、R（接收）、G、V，如果驱动正常，计算机即可识别一个串口，在设备管理器中记录下该串口号。打开上位机地面站软件，打开程序通信连接设置界面，按图 6-14 所示设置。

设置完后，单击界面右下角“打开连接”按钮，此时可以看到，地面站的 RX 计数（显示接收数据数量）开始增加，说明接收到串口数据。单击“飞控状态”选项卡，可打开位姿显示界面。上位机飞控位姿调试界面如图 6-15 所示，连接成功后，传感器数据开始更新。

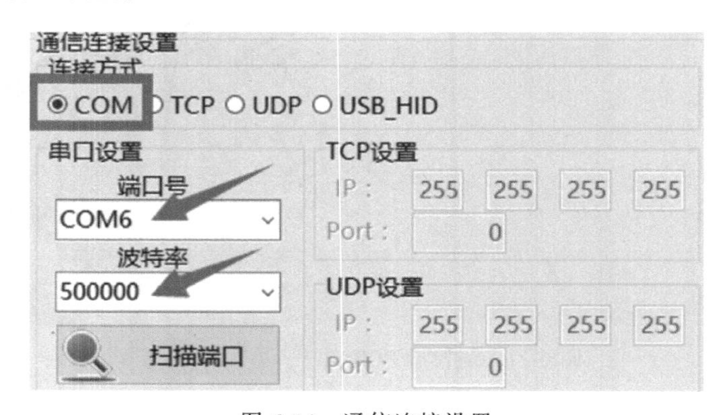

图 6-14　通信连接设置

如果位姿不是水平的，可打开“飞控设置”选项卡，进行传感器校准；飞机在平放静止状态下，分别按动电动机“陀螺仪校准”和“加速度校准”按钮，即可完成传感器校准，飞控“传感器校准”界面如图 6-16 所示。

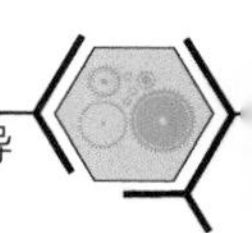

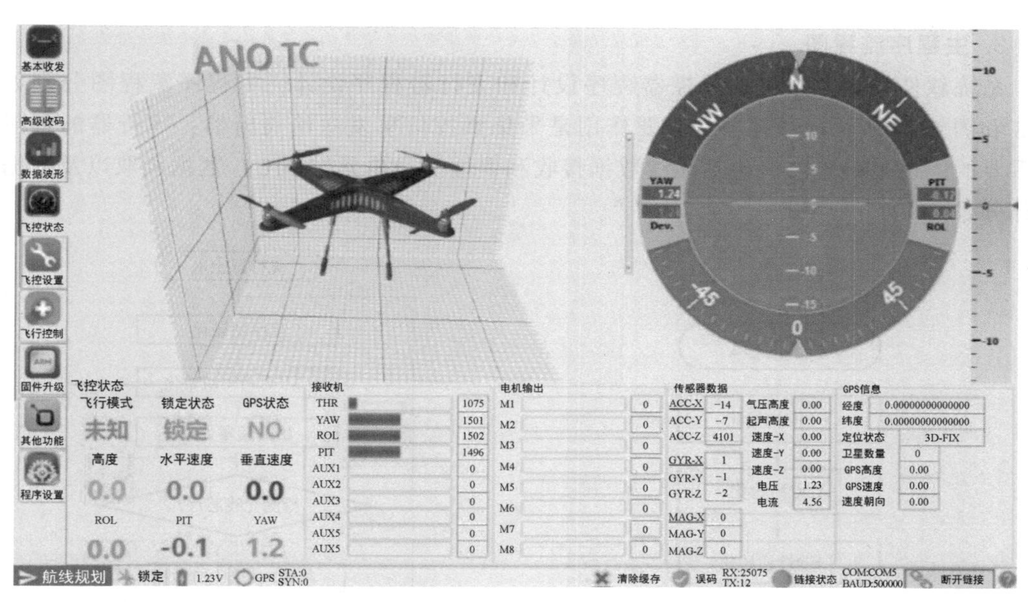

图 6-15　上位机飞控位姿调试界面

单击地面站的“数据波形”选项卡，打开波形显示界面，若下方没有显示波形开关，可在波形区域双击打开。选取不同的波形，可以方便地观察各数据的波形，拖动鼠标右键，可以放大和缩小波形，并且有波形存储、读取、全屏等功能，调试波形图如图 6-17 所示。

图 6-16　飞控按钮

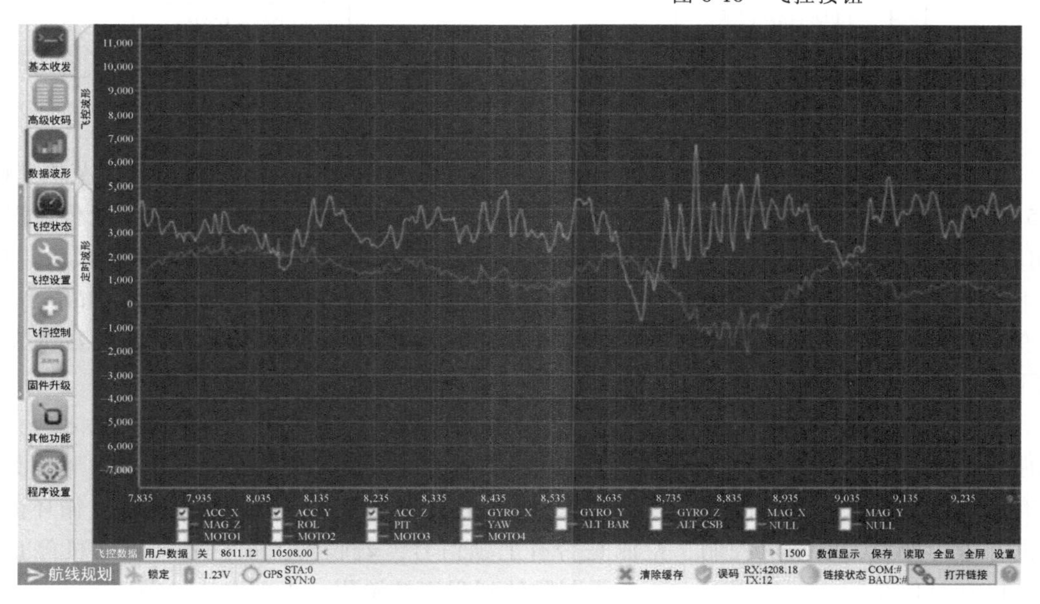

图 6-17　飞控调试波形图

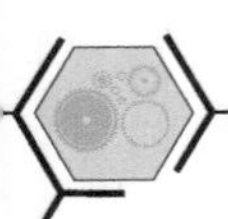
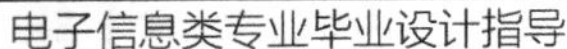

3. 主程序流程图

系统软件设计主要包括遥控器程序设计和飞行器程序设计，主程序流程图分别如图6-18和图6-19所示。遥控器的主要作用是采集操控信息发送给飞行器；飞行器的程序是最重要的，也是最难的，包括无线数据接收和惯性测量单元（IMU）数据读取以及数据处理部分。

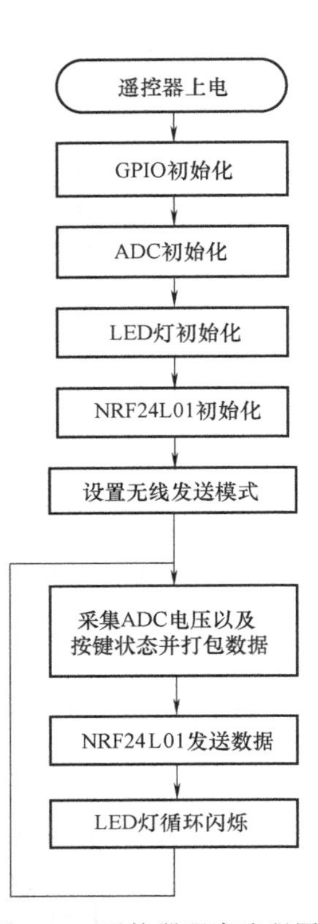

图6-18 遥控器程序流程图

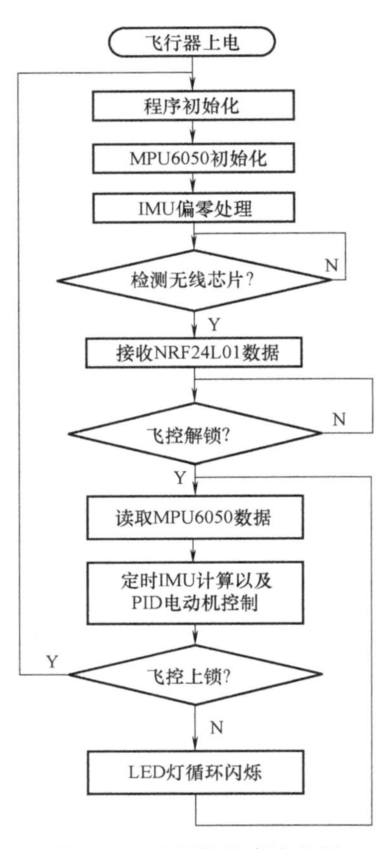

图6-19 飞行器程序流程图

在遥控器程序设计中，循环采集ADC电压并无线发送数据。ADC电压取值范围是0~2.5V，分辨率为100Hz，采集到数据即为0~250，并把采集到的电压值存入无线传输缓存Buf数组里面。Buf数组定义为八位数据类型，设置了八位长度：Buf[0] 存放帧头，Buf[1] 存放油门信息，Buf[2] 存放左边摇杆数据，Buf[3] 存放前后方向数据，Buf[4] 存放左右方向数据，剩余部分存放按键状态信息。NRF24L01直接将读取到的八位数据发送到飞行器端，进行实时控制。

在飞行器程序设计中，主程序里面使用了三层while循环：进入程序初始化之后，首先循环检测NRF24L01芯片，若检测到数据则往下执行，否则循环等待；其次循环检测是否有解锁信号，收到解锁信号则继续往下执行，否则循环等待；最后是主循环，循环读取数据并进行处理，电动机控制，检测是否有上锁信号，若收到上锁信号，电动机停止转动，LED灯停止闪烁，使用goto语句强制跳转到程序初始化，否则继续主循环。

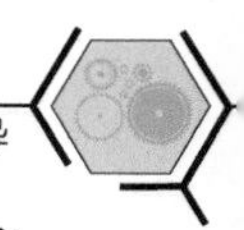

在电动机控制程序中，采用芯片自带定时器产生特定的 PWM，其频率为 20kHz。飞行器 MCU 通过定时器每 2ms 产生一次计数，计数五次，即 10ms 读取一次 MPU6050 的数据，并进行一次四元数计算以及 PID 计算再送给 PWM。这 10ms 的时间里，有大约 2ms 在接收无线信号，2ms 为电动机控制程序时间，剩下时间空闲。这里，2ms 的电动机控制程序时间必须是一定的，因为四元数计算和 PID 计算都有微分、积分时间，这里的 2ms 即为算法里面微积分的时间。

4. MPU6050 位姿数据处理

MPU6050 数据读取是通过 I^2C 协议与 MCU 通信，程序设计直接读取 MPU6050 寄存器就可以，在此过程中，除了 I^2C 驱动程序以外，还需要编写 MPU6050 初始化程序和读取数据函数，数据读取流程图如图 6-20 所示。

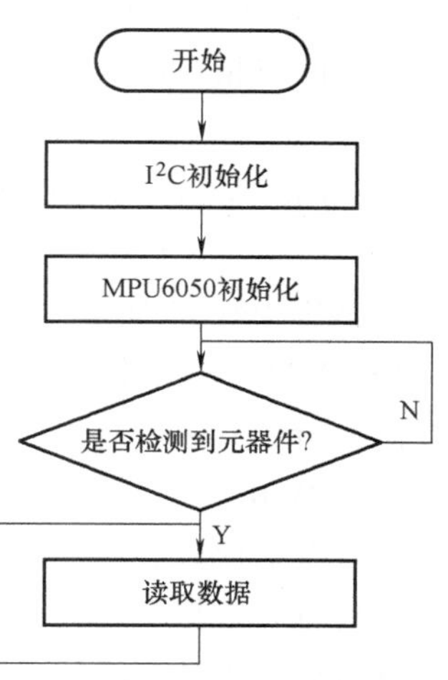

图 6-20　MPU6050 数据读取流程图

MPU6050 初始化程序设计中，需要初始化电源管理寄存器 PWR_ MGMT_ 1、采样分频寄存器 SMPLRT_ DIV、MPU6050 配置寄存器 CONFIG、加速度计配置寄存器 ACCEL_ CONFIG、陀螺仪配置寄存器 GYRO_ CONFIG。各寄存器地址见表 6-2。

表 6-2　MPU6050 数据寄存器地址

地址名	地址	地址名	地址	地址名	地址
ACCEL_XOUT_H	0x3B	ACCEL_ZOUT_H	0x3F	GYRO_YOUT_H	0x45
ACCEL_XOUT_L	0x3C	ACCEL_ZOUT_L	0x40	GYRO_YOUT_L	0x46
ACCEL_YOUT_H	0x3D	GYRO_XOUT_H	0x43	GYRO_ZOUT_H	0x47
ACCEL_YOUT_L	0x3E	GYRO_XOUT_L	0x44	GYRO_ZOUT_L	0x48

设置采样分频寄存器 SMPLRT_ DIV 初值为 0x07，此时陀螺仪采样频率为 125Hz；寄存器 CONFIG 的初值设置为 0x06，为低通滤波 5Hz；GYRO_ CONFIG 寄存器初值设置为 0x00，则陀螺仪量程为 500(°)/s；ACCEL_ CONFIG 寄存器初值为 0x00，则设置成为不自检加速度计量程 2*g*。

程序运行时读取数据函数，从而读取所需陀螺仪和加速度计的原始数据。比如需要读取加速度计 *X* 轴的数据，直接写入就可以，此时读出的原始数据不能直接用，需要进一步进行数据处理，才能得到欧拉位姿角。

根据 MPU6050 原理，编写出 MPU6050 初始化控制程序，其源代码如下：

```
//*************************************
//初始化 MPU6050
//*************************************
void InitMPU6050()
{
  Single_WriteI2C(PWR_MGMT_1, 0x00);//解除休眠状态
```

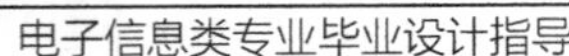


```
Single_WriteI2C(SMPLRT_DIV, 0x07);  //陀螺仪采样频率 125Hz
Single_WriteI2C(CONFIG, 0x04);         //21Hz 滤波,延时 A8.5ms//G8.3ms  此处
取值应相当注意,延时与系统周期相近为宜
Single_WriteI2C(GYRO_CONFIG, 0x08); //陀螺仪 500(°)/s,65.5LSB/g
Single_WriteI2C(ACCEL_CONFIG, 0x08);//加速度±4g,8192LSB/g
}
```

5. NRF24L01 通信

NRF24L01 作为小四轴飞行器和地面控制站之间通信的桥梁，地面站发送控制指令至飞行器，指导其飞行过程。NRF24L01 具有接收、发射、待机、掉电四种工作模式，由引脚 CE 和 PWR_ UP、PRIM_ RX 共同控制，具体见表 6-3。

进入发射模式Ⅱ后，只要 CSN 置高电平，在 FIFO 寄存器中的数据就会立即发射出去，直到所有数据发射完毕，之后进入待机模式Ⅱ。

发射模式Ⅰ是正常的发射模式，CE 端的高电平应至少保持 10μs。模块将发射一个数据，之后进入待机模式Ⅰ。

通过配置以下六个引脚，可实现模块的所有功能：

1）IRQ（低电平有效，中断输出）。

2）CE（高电平有效，发射或接收模式控制）。

3）CSN（SPI 信号）。

4）SCK（SPI 信号）。

5）MOSI（SPI 信号）。

6）MISO（SPI 信号）。

表 6-3　NRF24L01 工作模式控制

模式	PWR_UP	PRIM_RX	CE	FIFO 寄存器状态
接收模式	1	1	1	—
发射模式Ⅱ	1	0	1	数据存储在 FIFO 寄存器中,发射所有数据
发射模式Ⅰ	1	0	1→0	数据存储在 FIFO 寄存器中,发射一个数据
待机模式Ⅱ	1	0	1	TX_FIFO 为空
待机模式Ⅰ	1	—	0	无正在传输的数据
掉电模式	0	—	—	—

通过 SPI 接口，可激活在数据寄存器 FIFO 中的数据；或者通过 SPI 命令（1 个字节长度）访问寄存器。在待机或掉电模式下，单片机通过 SPI 接口配置模块；在发射或接收模式下，单片机通过 SPI 接口接收或发射数据。

当模块处于发射模式时：

1）当 MCU 有数据要发送时，接收节点地址（TX_ ADDR）和有效数据（TX_ PLD）通过 SPI 接口写入 NRF24L01，当 CSN 为低电平时数据被不断地写入。发送端发送完数据后，将通道 0 设置为接收模式来接收应答信号，其接收地址（RX_ ADDR_ P0）与接收端地址（TX_ ADDR）相同。

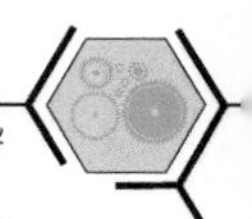

2）设置 PRIM_ RX 为低电平、CE 为高电平，启动发射模块，CE 高电平持续时间最小为 10μs。

3）NRF24L01 ShockBurst 发送模式：无线系统上电、启动内部 16MHz 时钟、无线发送数据打包、高速发送数据。

数据发送完后，立即进入接收模式。如果在有效应答时间范围内收到应答信号，则认为数据成功发送到了接收端，此时状态寄存器的 TX_ DS 位置高电平，并把数据从 TX_ FIFO 中清除掉；如果在设定时间范围内没有接收到应答信号，则重新发送数据，如果自动重发计数器溢出，则状态寄存器的 MAX_ RT 位置高电平，不清除 TX_ FIFO 中的数据（当 MAX_ RT 或 TX_ DS 为高电平时，IRQ 引脚产生中断，IRQ 中断可通过写状态寄存器来复位）；如果重发次数在达到设定的最大重发次数时还没有收到应答信号，在 MAX_ RX 中断清除之前不会重发数据包，数据包丢失计数器（PLOS_ CNT）在每次产生 MAX_ RT中断后加一。

NRF24L01 通信模块程序流程图如图 6-21 所示。

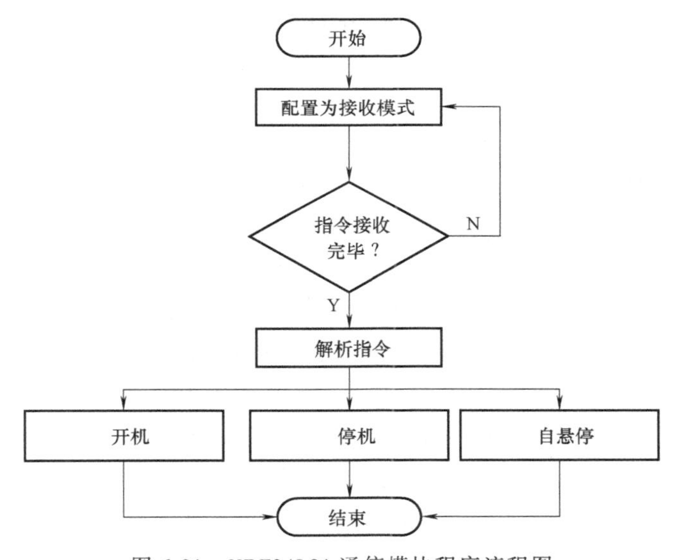

图 6-21　NRF24L01 通信模块程序流程图

根据 NRF24L01 原理，编写出 NRF24L01 初始化控制程序，其源代码如下：

```
/****************************************
//NRF24L01 初始化
//***************************************/
void init_NRF24L01(void)
{
    CE=0;                    //待机
    CSN=1;                   // SPI 禁止
    SCK=0;                   //SPI 时钟置低电平
    delays(200);delays(200);delays(200);
```

```
    CE=0;                   //待机
    CSN=1;                  //SPI 禁止
    SCK=0;                  //SPI 时钟置低电平
    SPI_Write_Buf(WRITE_REG + TX_ADDR,
TX_ADDRESS,ADR_WIDTH);      // 写本地地址
    SPI_Write_Buf(WRITE_REG + RX_ADDR_P0,
RX_ADDRESS,ADR_WIDTH); // 写接收端地址
    SPI_RW_Reg(WRITE_REG + EN_AA, 0x01);//  频道 0 自动 ACK 应答允许
    SPI_RW_Reg(WRITE_REG + EN_RXADDR, 0x01); //  允许接收地址只有频道 0
    SPI_RW_Reg(WRITE_REG + RF_CH, 0);//  设置信道工作为 2.4GHz,收发必
                                        须一致
    SPI_RW_Reg(WRITE_REG + RX_PW_P0, PLOAD_WIDTH); //设置接收数据
                                                     长度
    SPI_RW_Reg(WRITE_REG + RF_SETUP, 0x07); //设置发射速率为 1MHz,发
                                              射功率为最大值 0dB
    delays(200);delays(200);
}
```

6. PID 电动机控制

PID 控制器是一个在工业控制应用中常见的反馈回路部件，由比例单元 P（Proportion）、积分单元 I（Integration）和微分单元 D（Differentiation）组成。PID 控制器作为最早实用化的控制器已有近百年历史，现在仍然是应用最广泛的工业控制器。PID 控制器简单易懂，使用时不需精确的系统模型等先决条件，因而成为应用最为广泛的控制器。

本设计的最终目的是使飞行器平稳飞行，需要运用 PID 电动机调速控制器。图 6-22 所示是一个小功率直流电动机的调速系统框图。给定速度 $n_0(t)$ 与转速 $n(t)$ 进行比较，其差值为 $e(t)=n_0(t)-n(t)$，经过 PID 控制器调整后输出电压控制信号 $u(t)$，$u(t)$ 经过功率放大后，驱动直流电动机改变其转速。

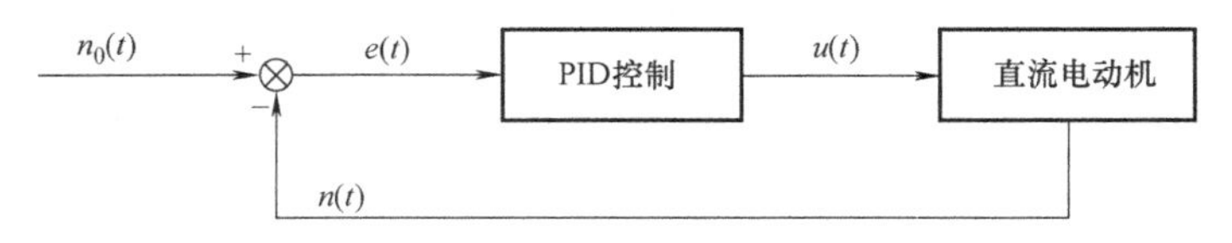

图 6-22　小功率电动机调速系统

PID 控制环节的传递函数为：

$$u(t)=K_P\left[e(t)+\frac{1}{T_i}\int_0^t e(t)\,\mathrm{d}t+T_d\frac{\mathrm{d}(e(t))}{\mathrm{d}t}\right]$$

式中，K_P 为控制器的比例系数；T_i 为控制器的积分时间，也称积分系数；T_d 为控制器的微分时间，也称微分系数。

常规的模拟 PID 控制系统原理框图如图 6-23 所示，该系统由模拟 PID 控制器和被控

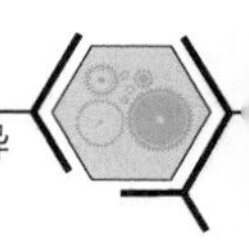

对象组成。其中，$r(t)$ 是系统输入误差值，$y(t)$ 是系统的最终输出值，输入值与输出值构成控制偏差 $e(t)=r(t)-y(t)$；$e(t)$ 作为 PID 控制器的输入，$u(t)$ 作为 PID 控制器的输出和被控对象的输入。

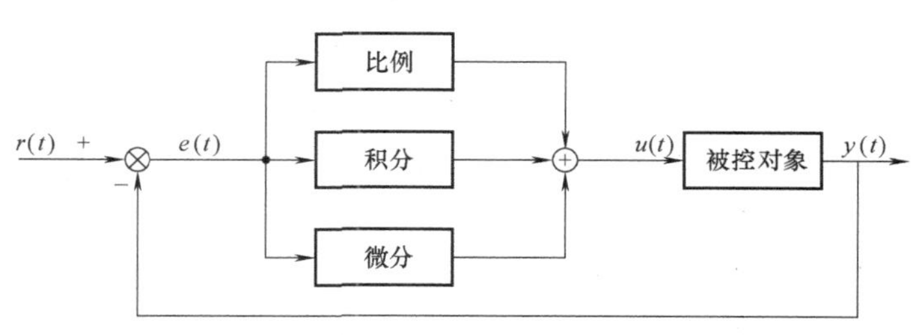

图 6-23　模拟 PID 控制系统框图

6.2.4　测试结果

当小四轴飞行器硬件与软件程序都构建好后，接下来的工作就是测试调参了。不同的无人机有不同的控制方式，即使是相同类型的四轴飞行器，如果安装不同的桨翼，也会产生较大的差异，所以每一类飞行器都有自己固定的参数。

1. 加速度计的振动测试和滤波器参数

在所有传感器中，最容易产生噪声的是加速度计。加速度计的噪声来源于两个方面：第一加速度计本身的噪声；第二，来自机体振动。经过实验测量得出，机身振动引起的噪声占了主导地位，所以要对加速度计的原始数据进行滤波，这样才能用于位姿姿态和航位的计算。使用匿名上位机测得加速度计波形图如图 6-24 所示。

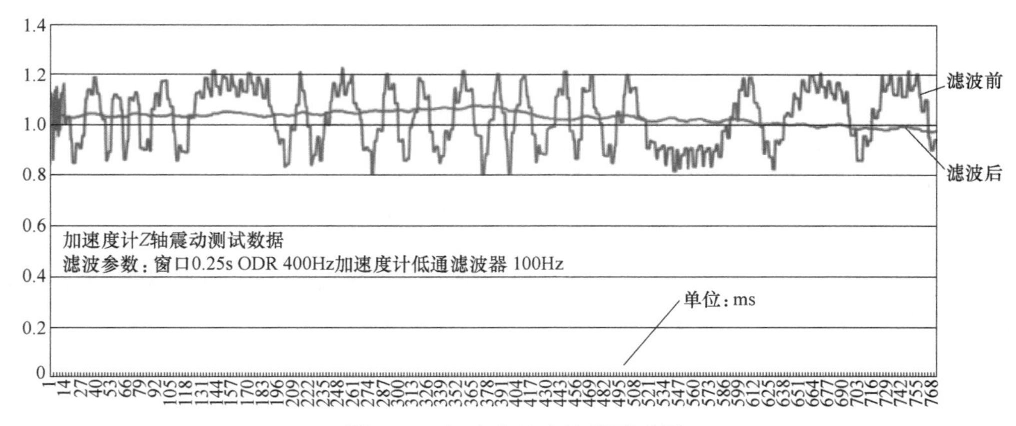

图 6-24　加速度计滤波器测试图

图 6-24 中，加速度计滤波窗口大小为 0.25s，滤波器输入量为加速度及 Z 轴的原始值，输出量为滤波后的值。

图 6-25 中，加速度计滤波延时为 0.25s 的窗口下，横坐标的单位是 10ms。加速度计的实时值和滤波值之间的实际差大约为 150ms。实际效果不错。

2. 陀螺仪的振动测试和滤波器参数

陀螺仪对振动较为敏感，但实际使用中，陀螺仪的参数值会相对比较平稳。因为位姿算法本身就是一个积分过程，也就产生了滤波的效果。但是陀螺仪的输出值用于 PID 算法中的微分计算，如果变化太快，就会影响稳定，所以保证变化率是非常重要的。

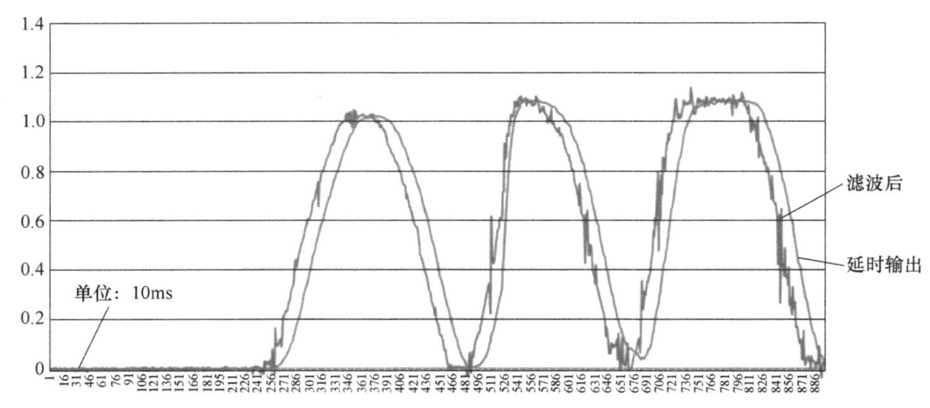

图 6-25　加速度计滤波延迟图

图 6-26 中，陀螺仪滤波器测试图中横轴的单位是 1ms。滤波器的窗口大小为 32 个采样值，相当于 16ms 的窗口宽度。幅值较大的线为滤波之前 *X* 轴的输出值，幅值较小的线为滤波后的值，这种情况下，滤波器能有效地滤除高频转动变化的干扰。

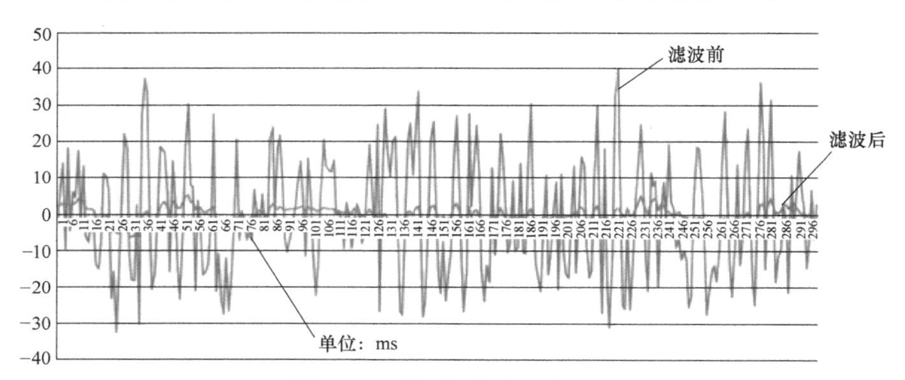

图 6-26　陀螺仪滤波器测试图

如图 6-27 所示，基于滤波窗口的 32 个采样值，陀螺仪的输出大约延迟了 11ms。实际效果不会有很多负面影响，最终决定采用 32 个采样值窗口宽度。

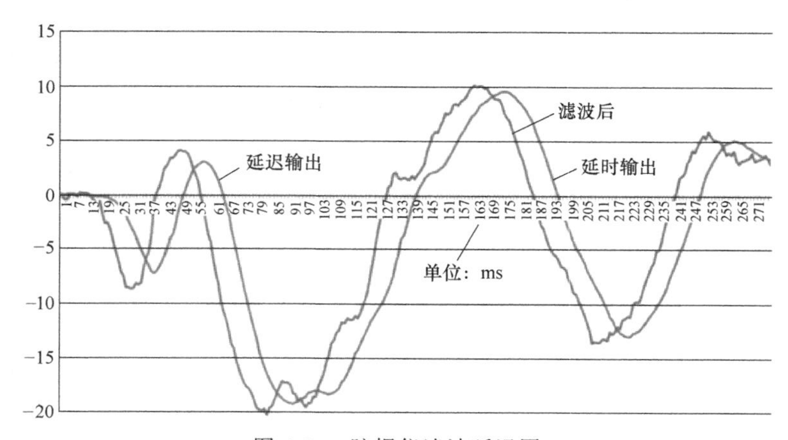

图 6-27　陀螺仪滤波延迟图

6.2.5　总结与展望

本设计的硬件设计中，为了简化元器件焊接上的工艺问题，多采用模块化设计和 SPI 总线设计理念，解决小四轴飞行器电路接线复杂和焊接较难的问题。同时，重点设计了飞行器的结构，首先在飞行器尺寸和质量上设计较好，尺寸小并且很轻：不带电池的裸机质量约为 30g，带 350mAh 锂电池的总质量约为 38g，小于设计要求的 50g 质量。电动机轴对角尺寸约为 100mm，飞行时间约为 7min，减轻了飞行器的机身质量，延长了续航时间。

软件方面，使用 PID 参数调整。先调整 P 值，从小到大，当飞行器接近振荡时，记录下 P 值；然后调整 D 值，让飞行器快速做俯仰运动，感到飞行器有明显的抵抗时记录下 D 值；依据这两个初步确定的参数，再结合实际飞行的反应继续调整 I 值，当飞行器出现缓慢振荡时，记录下当前 I 值，并将其值乘 0.7 得到正确的 I 值，完成 PID 调参。本设计中的无人机虽然能够平稳飞行，但是缺少功能强大的相关定位传感器，不能实现精确定位和自动导航功能。

6.3　附　　件

无人机产品小四轴飞行器和遥控器实物图如图 6-28 所示。

a)

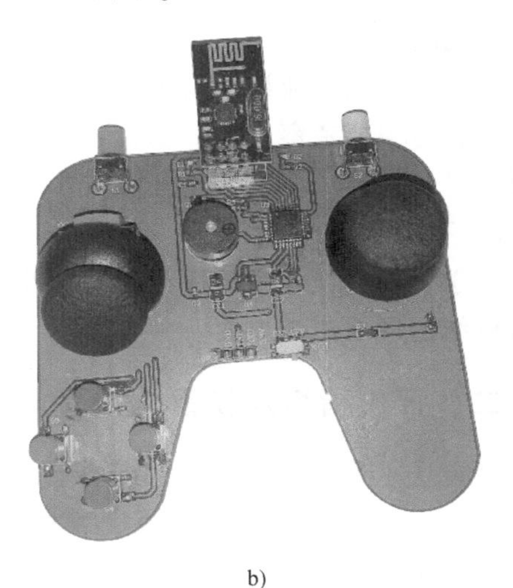

b)

图 6-28　小四轴飞行器实物图

附 录

附录 A　高等职业院校学生毕业设计工作评价标准

高等职业院校学生毕业设计工作指高职院校对学生毕业设计教学环节的制度建设与实施。

一、评价内容

1. 工作机制

以学校相关制度文件为主要考察对象，重点评价毕业设计工作机构设置、工作制度建设和技术标准制订 3 个方面。

2. 组织实施

以学校学生毕业设计组织实施的计划安排、任务分配、工作总结、技术指导记录等过程性材料为主要考察对象，重点评价毕业设计工作实施的规范性、科学性和有效性 3 个方面。

3. 考核评价

以学生毕业设计考核评价的过程性材料为主要考察对象，重点评价毕业设计答辩实施和考核结论形成 2 个方面。

二、评价指标及权重

见表 A-1。

表 A-1　学生毕业设计工作评价指标及权重

一级指标	二级指标	指标内涵	分值 权重(%)
1. 工作机制	1.1　工作机构	学校建立了学生毕业设计工作专门机构，各系（二级学院）和专业教研室建立了专项工作小组	5
	1.2　工作制度	学校建立了学生毕业设计工作的专项制度，规范了毕业设计类型、时间安排、各毕业设计类型的选题、基本流程、组织形式、教学经费、指导教师安排等基本要求	5
	1.3　技术标准	毕业设计列入各专业人才培养方案，各专业制订了《毕业设计标准》，对毕业设计环节的课题选择、实施流程和技术规范进行了具体的规定	15

（续）

一级指标	二级指标	指 标 内 涵	分值权重（%）
2. 组织实施	2.1 实施规范性	按照学校的毕业设计实施规范组织毕业学年学生进行毕业设计教学，基本流程执行到位	15
	2.2 实施科学性	毕业设计教学实施突出了技术路线的可行性、设计过程的完整性和设计依据的可靠性和教师指导的及时性	10
	2.3 实施有效性	毕业设计教学实施有效提升了学生综合分析问题、解决问题的能力	10
3. 考核评价	3.1 设计答辩	答辩程序严格，答辩记录齐全、评分记录完整	15
	3.2 考核结论	设计方案成绩评定合理，评语认真详实，能反映出毕业设计作品的真实水平	25

附录B　高等职业院校学生毕业设计成果评价标准

一、产品设计类毕业设计成果评价标准

产品类毕业设计就是将工程或者生产中的某种目的或需要转换为一个具体的物理形式或工具的过程，是把一种计划、规划设想、问题解决的方法，通过具体的载体以美好的形式表达出来，从而实现某种功能或作用的一种创造性活动。

（一）评价内容

1. 选题

以学生毕业设计任务书为主要考察对象，重点评价产品设计选题（项目任务）的专业性、实践性和工作量。

2. 设计实施

以学生毕业设计说明书为主要考察对象，重点评价产品设计项目实施中技术路线的可行性、设计过程的完整性和设计依据的可靠性。

3. 作品质量

以学生毕业设计形成的最终技术文件为主要考察对象，重点评价产品设计技术文件的规范性、技术方案的科学性和技术设计的创新性。

（二）评价指标及权重

见表B-1

表B-1　产品设计类毕业设计成果评价指标及权重

一级指标	二级指标	指 标 内 涵	分值权重（%）
1. 选题	1.1 专业性	1）毕业设计选题符合本专业培养目标，有利于提高学生综合运用所学专业知识解决产品创意、总体设计方案、主要技术性能参数、工作原理、系统和主体结构等方面实际问题的能力 2）设计任务能承载学生分析技术需求、查阅技术标准、借鉴技术案例和设计技术方案等策略性能力的培养，基本覆盖本专业的关键技术领域	5

（续）

一级指标	二级指标	指标内涵	分值权重（%）
1. 选题	1.2　实践性	1）毕业设计选题来源于生产或工程实际项目，可以解决生产实际问题 2）产品设计任务具有一定的综合性和典型性，代表生产现场一般技术设计项目要求	5
	1.3　工作量	1）产品设计项目难易程度适中，学生完成任务的实际工作量一般不少于2周 2）每个学生独立完成1个设计项目，难度较大的设计项目保证每位学生独立完成1个子项目	5
2. 设计实施	2.1　技术路线的可行性	1）毕业设计说明书完整、规范、科学规划设计任务的实施，能确保项目顺利完成 2）产品设计的技术原理选择、理论依据选择和设计步骤安排合理	15
	2.2　设计过程的完整性	1）毕业设计说明书完整地记录设计项目启动、设计任务规划、技术资料查阅、系统或者结构分析、技术参数确定、设计方案拟定、设计方案修订、设计方案成型等基本过程及其过程性结论 2）毕业设计说明书参考资料的引用、参考方案的来源等标识规范准确	10
	2.3　设计依据的可靠性	1）技术参数计算所采用的数学模型正确，计算准确，技术参数参照正确的技术标准 2）产品设计的结构符合工艺原则，设计数据详实、充分、明确、合理	10
3. 作品质量	3.1　技术文件的规范性	产品设计最终形成的装配图、零件图、电气原理图、安装接线图、设计流程图、程序清单、影像、产品设计方案等技术文件符合行业标准的要求	15
	3.2　技术方案的科学性	1）产品设计技术方案要素完备，表达准确 2）所采用的技术手段、技术参数、技术流程可以有效解决课题中的生产实践项目或问题	25
	3.3　技术设计的创新性	1）设计方案有独特创意和创新，有较强的应用价值 2）充分应用了本专业新知识、新技术、新工艺、新材料、新方法、新设备	10

二、工艺设计类毕业设计成果评价标准

工艺设计类毕业设计指以工程项目、产品加工和其他生产服务一线应用性项目为对象，进行相应的流程、技术路线和规范进行设计的综合性毕业实践。

（一）评价内容

1. 选题

以学生毕业设计任务书为主要考察对象，重点评价工艺设计选题（项目任务）的专业性、实践性和工作量。

2. 设计实施

以学生毕业设计说明书为主要考察对象，重点评价工艺设计项目实施中技术路线的可

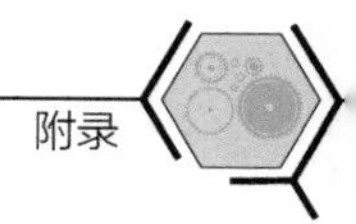

行性、设计过程的完整性和设计依据的可靠性。

3. 作品质量

以学生毕业设计形成的最终技术文件为主要考察对象，重点评价工艺设计技术文件的规范性、技术方案的科学性和技术设计的创新性。

（二）评价指标及权重

见表B-2。

表B-2 工艺设计类毕业设计成果评价指标及权重

一级指标	二级指标	指标内涵	分值权重(%)
1. 选题	1.1 专业性	1)毕业设计选题符合本专业培养目标,有利于提高学生综合运用所学专业知识解决工艺流程设计、工艺参数设计和设施设备选择等方面实际问题的能力 2)毕业设计任务能承载学生分析技术需求、查阅技术标准、借鉴技术案例和设计技术方案等策略性能力的培养,基本覆盖本专业的关键技术领域	5
	1.2 实践性	1)毕业设计选题来源于生产或工程实际项目,可以解决生产实际问题 2)工艺设计任务具有一定的综合性和典型性,代表生产现场一般技术设计项目要求	5
	1.3 工作量	1)工艺设计项目难易程度适中,学生完成任务的实际工作量一般不少于2周 2)每个学生独立完成1个设计项目,难度较大的设计项目保证每位学生独立完成1个子项目	5
2. 设计实施	2.1 技术路线的可行性	1)毕业设计说明书关于设计任务实施的规划完整、规范、科学,确保项目顺利完成 2)工艺设计的技术原理选择、理论依据选择和设计步骤安排合理	15
	2.2 设计过程的完整性	1)毕业设计说明书完整地记录设计项目启动、设计任务规划、技术资料查阅、工艺分析、技术参数确定、设计方案拟定、设计方案修订、设计方案成型等基本过程及其过程性结论 2)毕业设计说明书参考资料的引用、参考方案的来源等标识规范准确	10
	2.3 设计依据的可靠性	1)技术参数计算所采用的数学模型正确,计算准确,技术参数参照正确的技术标准 2)工艺设计的中间工艺数据详实、充分、明确、合理,工艺分析逻辑性强	10
3. 作品质量	3.1 技术文件的规范性	工艺设计最终形成的图纸、工艺卡片、工艺设计方案等技术文件符合行业标准的要求	15
	3.2 技术方案的科学性	1)工艺设计技术方案要素完备,表达准确 2)所采用的技术手段、技术参数、技术流程可以有效解决课题中的生产实践项目或问题	25
	3.3 技术设计的创新性	1)设计方案有独特见解和创新,有较强的应用价值 2)充分应用了本专业新知识、新技术、新工艺、新材料、新方法、新设备	10

三、方案设计类毕业设计成果评价标准

方案类作品毕业设计，是指学生通过利用所学内容，为解决专业对应领域中的具体问题而完成的一项系统设计，其设计作品的表现载体是一个完整的方案。

（一）评价内容

方案类作品毕业设计的评价，从选题、设计实施、作品质量三个方面进行。

1. 选题

以学生毕业设计任务书为主要考察对象，重点评价所选课题与高职目标定位和专业培养目标符合情况、所学专业知识和技能解决综合运用情况、与专业领域的对接情况、综合能力和职业岗位（群）中核心能力的培养情况及课题的难易程度和工作量适度情况。

2. 设计实施

以学生毕业设计说明书为主要考察对象，重点评价完成设计任务所制订的技术路线的可行性、步骤的合理性和方法的科学性。设计过程的完整性和语言表达的准确性。设计结论得出的可靠性、依据选择的合理性和依据应用的正确性。

3. 作品质量

以学生毕业设计形成的最终作品（方案）为主要考察对象，重点评价作品的规范、要素和技术文件与行业或企业标准规范的符合度。作品的可操作性、可执行性和设计任务的完成情况。作品的创新性和应用前景。

（二）评价指标及权重

见表 B-3。

表 B-3　方案设计类毕业设计成果评价指标及权重

一级指标	二级指标	指标内涵	分值权重（%）
1. 选题	1.1　专业性	毕业设计所选课题符合高职目标定位和专业培养目标，能使学生综合运用所学的专业知识和专业技能解决专业对应领域中实际的问题，能训练学生的职业核心能力（策略性能力）	5
	1.2　实践性	1）课题来源于专业对应领域中的真实项目（仿真项目），解决实际问题或锻炼解决实际问题的能力 2）设计任务具有一定的综合性和典型性，能代表一般设计项目要求	5
	1.3　工作量	1）课题难易程度适中，工作量大小适当，完成任务的实际工作量一般不少于 2 周 2）每个学生有一个独立课题或有一个较大课题中的子项目	5
2. 设计实施	2.1　技术路线的可行性	所制订的技术路线完整、规范、科学、可行，步骤合理，方法运用得当，既与对应领域中的设计规范一致，又有创新，能确保设计顺利完成	15
	2.2　设计过程的完整性	项目启动、任务规划、实地调研、信息分析提炼、技术参数确定、设计方案拟定、设计方案修订、设计方案成型、结论分析等基本过程完整	10
	2.3　设计依据的可靠性	技术标准运用正确，有关参数计算准确，分析、推导正确且逻辑性强，参考资料的引用、参考方案的来源等标识规范准确，技术原理、理论依据选择合理	10

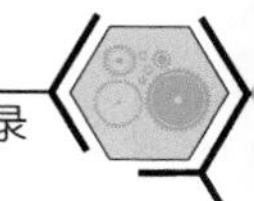
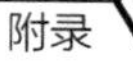

（续）

一级指标	二级指标	指标内涵	分值权重（%）
3. 作品质量	3.1 技术文件的规范性	1）设计作品撰写规范，图表、计算公式和需提供的技术文件符合行业或企业标准的规范与要求 2）方案要素完备，能清晰表达设计内容，完整回答课题所要解决的问题	15
	3.2 技术方案的科学性	方案具有可操作性和可执行性，能有效解决课题设计中所要解决的实际问题，达到设计任务要求	25
	3.3 技术设计的创新性	1）设计方案有特色、有创新或创意，有重大改进或独特见解，有较强的应用价值 2）充分应用了本专业领域中新知识、新技术、新工艺、新材料、新方法、新设备	10